Oskar Brenner

Grundzüge der geschichtlichen Grammatik der deutschen Sprache,

zugleich Erläuterungen zu meiner mittelhochdeutschen Grammatik und zur mittelhochdeutschen Verslehre. Mit einem Anhang: Sprachproben

Oskar Brenner

Grundzüge der geschichtlichen Grammatik der deutschen Sprache,
zugleich Erläuterungen zu meiner mittelhochdeutschen Grammatik und zur mittelhochdeutschen Verslehre. Mit einem Anhang: Sprachproben

ISBN/EAN: 9783743683693

Hergestellt in Europa, USA, Kanada, Australien, Japan

Cover: Foto ©Paul-Georg Meister /pixelio.de

Weitere Bücher finden Sie auf **www.hansebooks.com**

Grundzüge

der

Geschichtlichen Grammatik

der

deutschen Sprache

zugleich

Erläuterungen

zu meiner

mittelhochdeutschen Grammatik und zur mittelhochdeutschen Verslehre

mit einem Anhang:

Sprachproben

von

Dr. Oskar Brenner,

Professor an der Universität Würzburg.

München, 1896.

J. Lindauersche Buchhandlung.

(Schöpping.)

Vorwort.

Meine Grundzüge sind in erster Linie für Lehrer des Deutschen an oberdeutschen Schulen bestimmt. Dem Studium der Muttersprache kann aus Gründen, die ich hier nicht weiter zu erörtern brauche, von den Kandidaten des Lehramtes meist nicht die genügende Zeit gewidmet werden. So empfindet der Lehrer beim Unterricht oft Lücken, die ihm Grammatiken, die bloss Stoff liefern, nicht auszufüllen vermögen. Ich möchte dazu beitragen im Bedürfnisfall die Erklärung sprachgeschichtlicher Thatsachen zu erleichtern. Mein Buch ist kein Nachschlagebuch, das für die Grammatik zu leisten hätte, was das etymologische Wörterbuch für den Wortschatz. Es will gelesen sein, um zu selbständiger Erklärung der grammatischen Dinge anzuregen. Doch ist Sorge getragen, dass auch Einzelnes im Bedarfsfall rasch aufgefunden werden kann. Das Buch ist als Ausführung zu den mittelhochdeutschen Grammatiken, zunächst meiner kleinen (3. Aufl. 1894), deren §§ in | | beigesetzt sind, gedacht. Ich setze voraus und fordere, das Jeder, der das Neuhochdeutsche erklären, d. h. als Lehrer mehr als seine Schüler, mehr als raten können will, das Mhd. als Ganzes und aus Texten kennen gelernt hat.

Vom mhd. Sprachstoff habe ich das Charakteristische und methodisch Lehrreiche (darunter hie und da Abgelegenes) mitgeteilt. Wer für das Verständnis mhd. Texte über jede ihm aufstossende Form Belege finden will muss Weinholds grosse Grammatiken und die Wörterbücher beiziehen. Wer die neuere Literatur über einzelne Erscheinungen bequem zur Hand haben will, sei auf Pipers Literaturgesch. (Paderb. 1880) und Wilmanns's deutsche Grammatik (I. Bd. Lautlehre 1893) verwiesen. Wer dagegen auffällige Erscheinungen in ihrem Zusammenhang verstehen lernen will, wird in meinen Erläuterungen einen Wegweiser finden, der ihn selten unberaten lassen wird, wenn er auch nicht auf jede Frage bestimmte und unanfechtbare Antwort geben kann.

Die neue bayerische Prüfungsordnung für Kandidaten des höheren Lehramtes verlangt Kenntnis der Hauptgesetze der deutschen Sprachgeschichte. Ich habe neben den Lehrern auch die Examenskandidaten berücksichtigen zu müssen geglaubt und hoffe auch ihnen mit diesem Buche ein brauchbares Hülfsbuch in die Hand zu geben.

Die Syntax habe ich ausgeschlossen. Sie findet hoffentlich bald von anderer Seite erschöpfende Behandlung. Dagegen habe ich Erläuterungen zur mhd. Verslehre mit Rücksicht auf die kurze Fassung derselben in meiner mhd. Grammatik aufgenommen. Da meine Erläuterungen keine Anweisung zum Bauen mhd. Verse geben sollen, wird es gerechtfertigt erscheinen, dass ich dem Rhythmus und damit dem Bedürfnis der Lesenden besondere Aufmerksamkeit zugewendet habe. Die Wirkung guter mhd. Verse ist dadurch bedingt, dass der Leser die stärkst betonte Stelle des Verses hervorzuheben weiss. Die beigegebenen Sprachproben aus verschiedenen Jahrhunderten sind zunächst zur Darlegung des allmählichen Schwindens der Endvokale bestimmt, sollen aber daneben den Zweck erfüllen, die grammatischen Erscheinungen überhaupt im lebendigen Zusammenhang vorzuführen und die einseitige Gewöhnung an das Mhd. der Blütezeit unschädlicher zu machen.

Die neueren Arbeiten habe ich natürlich mit Dank benützt. Auf Citate habe ich im Allgemeinen verzichtet, da ihr Nutzen für die Benützer dieses Buches sehr gering sein dürfte. Die Ausnahmen, die ich gemacht, werden dadurch um so wirksamer werden können. Der Fachmann wird leicht finden, dass viel selbständige Arbeit in diesem Büchlein steckt und es doch auch nicht ganz ohne Gewinn aus der Hand legen.

Würzburg, im Februar 1895.

O. Brenner.

Inhalt.

(In [ ] die § meiner kleinen mhd. Grammatik.)

A. Lautlehre.

I. Vokale.

A. Der mhd. Vokalismus im allgemeinen.

			Seite
§	1.	Schreibung der Vokale	1
§	2.	Aussprache der Vokale und Diphthonge im Mhd. [§ 1] .	2
§	3.	Quantität im Mhd. [§ 1, A. 2]	4
§	4.	Unbetonte Vokale. Qualität [§ 2]	5
§	5.	Das unbetonte e in Nebensilben	6
§	6.	Die Vokale unbetonter Wörter	9
§	7.	Einschiebung unbetonter e	9

B. Geschichtliche Beziehungen der mhd. Vokale.

§	8.	Die Grundlagen des mhd. Vokalismus	10
§	9.	Umlaut [§ 3]	11
§	10.	Ablaut [§ 3]	14

C. Fortentwicklung der Vokale im Nhd. [§ 11].

§ 11. Die Abweichungen der nhd. Vokale 21

II. Konsonanten.

§	12.	Schreibung und Aussprache [§ 7]	26
§	13.	Allgemeine Regeln über die Konsonantenwechsel im Mhd . .	28
§	14.	Die Lautverschiebung [§ 7, § 8]	28
§	15.	Mhd. Änderungen einzelner Konsonanten [§ 8. 3. 4] . . .	32
§	16.	Ältere Verluste und Wechsel	35
§	17.	Die mhd. Konsonanten in der nhd. Schriftsprache . . .	36
§	18.	Die hochdeutsche Aussprache der Konsonanten	37

III. Accent.

§ 19. Der Accent [§ 10] . . 38

B. Beugungslehre.

1. Deklination.

I. Starke Substantive im Mhd.

	Seite		Seite
§ 20. Einteilung [§ 11]	40	§ 22. Starke Feminina [§ 13]	43
§ 21. Starke Maskulina [§ 12]	41	§ 23. Starke Neutra [§ 14]	44

II. Schwache Substantive im Mhd. [§ 15.]

§ 24. (Allgemeines)	47	§ 27. Neutra	48
§ 25. Maskulina	47	§ 28. Andere konsonantische	
§ 26. Feminina	47	Stämme	48

III. Die neuhochdeutsche starke Deklination. [§ 16.]

§ 29. Maskuline	49	§ 31. Neutra	52
§ 30. Feminine	51		

IV. Die neuhochdeutsche schwache Deklination. [§ 16.]

§ 32. Maskulina	53	§ 34. Neutra	55
§ 33. Feminina	54	§ 35. Rückblick [§ 16]	55

2. Deklination der Adjektiva.

§ 36. Allgemeines [§ 17]	55	§ 38. Neuhochd. Deklination der	
§ 37. Adjektivdeklination im		Adjektive	57
Mhd. [§ 18, 19]	56	§ 39. Steigerung d. Adjektive [§ 20]	58

3. Die Zahlwörter.

§ 40. Die Grundzahlen [§ 21] . . 58 | § 41. Die übrigen Zahlarten [§ 22] 59

4. Die Fürwörter.

§ 42. Die persönlichen [§ 22]	59	§ 45. Fragepronomina [§ 26]	64
§ 43. Possessive [§ 24]	61	§ 46. Relative [§ 27]	65
§ 44. Demonstrative [§ 25]	61	§ 47. Indefinite [§ 28]	65

5. Bildung der Adverbien.

§ 48. Adverbien [§ 29] . . . 67 § 49. Steigerung d. Adverbien [§ 30] 69

6. Konjugation.

§ 50. Flexionsmittel [§ 31] . . . 69 § 51. Bildung d. Verbalstämme [§ 32] 71

1. Starke Verba im Mhd.

§ 52. Stammformen [§ 33]	72	§ 54. Bemerkungen zu den einzelnen Klassen [§ 36]	75
§ 53. Paradigmen der starken Verba [§ 35]	74	§ 55. Vermischung und Wechsel der Konjugation [§ 36, Anm.]	76

2. Die starke Konjugation im Nhd.

§ 56. Die Stammbildung. . . . 77 § 57. Endungen 79

3. Schwache Konjugation.

§ 58. Stammformen [§ 37, 41] . 80 § 59. Endungen 82

4. Schwache Konjugation im Nhd. § 60. . . . 82

5. Gemischte Konjugation. [§ 42—43.]

§ 61. Die Präteritopräsentia [§ 43]	73	§ 63. Einzelne Unregelmässigkeiten [§ 44]	85
§ 62. Mischkonjugation im Nhd.	84		

Anhang I. Zur mhd. Verskunst 88 Anhang II. Sprachproben . 99

Zur Ergänzung vorliegenden Buches empfehlen sich:

Deutsches Wörterbuch der Brüder Grimm (und ihrer Fortsetzer).
Pauls Grundriss der germanischen Philologie. Strassbg. 1891—93. 1. Bd.
  (bes. die Arbeiten von Behaghel, Kluge, Sievers, Paul).
Braune, W., Althochd Grammatik. 2. Aufl. Halle 1891. (Abriss 2. Aufl. 1895.)
Paul, H., Mittelhochdeutsche Grammatik. 4. Aufl. Halle 1894.
Kehrein, J., Gramm. der d. Sprache des 15.—17. Jahrh. 3 Tle. Leipz. 1863.
Behaghel, O., Die deutsche Sprache. Leipz. 1886.
Bahder, K. v., Die Grundlagen des nhd. Lautsystemes. Strassbg. 1890.
Wilmanns, W., Deutsche Grammatik. I. Lautlehre. Strassbg. 1893.
Franke, K., Grundzüge der Sprache Luthers. Görlitz 1888.
Weise, O., Unsere Muttersprache. Leipzig 1895.

  Einige andere Werke sind im Text angeführt.

Berichtigungen und Nachträge.

§ 8, S. 10 statt § 34 liess [§ 34] (nämlich der mhd. Grammatik).
§ 9, S. 13 [§ 3, Anm.]. Ein Teil der ö und ü sind aus *we* und *wi* entstanden, so *kök* (*köksilber*), *kömen*, *kümst*, *küt* (quit).
§ 10, a) S. 15 unter II griech. η̨ ῳ ει οι ι ι.
       S. 16 unter IV griech. η ω (ε) ε.
       von den Beispielen ist *spráwen* u. s. w. besser zu III, S. 17 zu stellen.
§ 10. c) 5. S. 20 mhd. *áw, ew* bleiben im Inlaut zunächst unverändert: *kláwe, séwe*; im Ausl. war *w* schon ahd. *o* geworden, also *kláo*, daraus *kló* (so noch schwäbisch), *séo*, daraus *sée, sé*. Erst später fiel nach hellen Vokalen *w* ganz *sées, sés* (aber bayr. *séwen* zu *séwn*, woraus einerseits *seon*, vgl. *Kirchseeon*, anderseits *seun*, gespr. *seün*, jetzt *Soien*.
§ 11, S. 20 Für den Anfang (indem—gesotten) wähle ich lieber die Fassung: 'Kurze Silben des Mhd. werden lang, indem entweder der auslautende Vokal gedehnt wird: *neh-men*, oder der folgende Konsonant durch Vorlegung der Silbengrenze in die erste Silbe herübergezogen wird: (*ge*)*nom-men*. Tritt der Vokal durch Ausfall eines folgenden *e* in die Mitte der Silbe (*gibst* aus *gibest*) so wird die Kürze meist gewahrt; sie wird aber vor einigen Konsonantenverbindungen (*st, rst, rt, lt* u. aa.) durch die in nahestehenden Formen eingetretene Länge ersetzt (*fährst* wegen *fahre*, obs. *liest, zählt* u. s. w.).' Die Beispiele und der Satz 'in der Regel — verschieden war' sind beizubehalten.
§ 11, S. 21 4. Abs. liess *veda* (Vater) statt (Vetter).
       S. 23 No. 8 liess fremd, dafür.
       S. 25 unt. statt § 60 liess § 56 und 62.
       S. 26 ob. liess erinnert statt hingewiesen.
§ 12, S. 26 Für k steht im Silbenauslaut gerne *c, vole. saete*.
       S. 27 ob. -g ist Reibelaut auch im Österr.
§ 44, S. 60 1. liess *unsiz* statt '*unsiz*' und in der ersten Reihe als Längenzeichen ¯ statt ˆ.
       S. 63 *eam* könnte wohl seinen Diphthong unabhängig erhalten haben; *iem* schon im 13. Jahrh. in München vor.
§ 47, S. 66 *niks* = mhd. *nihtes* in der Bed. nicht noch heute mundartlich z. B. unterfränkisch.
§ 53, S. 74 das noch unerklärte -*amés* in d. 1. Pl. ist im Mhd. nicht fortgesetzt, mhd. -*en* geht auf *am* oder *em* zurück, die dem Konjunktiv ohne -*és* folgten.

—

A. Lautlehre.

I. Vokale.
A. Der mhd. Vokalismus im Allgemeinen.
§ 1. Schreibung der Vokale.

Grosse Anfangsbuchstaben sind in mhd. Handschriften nur Zierate. Die Schreibung der mhd. Vokale ist in den Ausgaben seit Lachmann viel regelmässiger als in den Handschriften selbst. Fremd ist dem dreizehnten Jahrhundert *ä ö ü*. Für die zwei Punkte wurde noch *e* übergeschrieben, das erst im Lauf der nächsten Jahrhunderte sich in die zwei Punkte auflöste. Für *ä* wurde sehr gewöhnlich *æ*, auch *e* geschrieben; für *ü* auch *ü iu*, für *ö* auch *œ*. Oft wurde der Umlaut bei o und u gar nicht bezeichnet. Wo ein *u* der Handschriften als *ü*, ein *o* als *ö* zu lesen sei, lässt sich meist leicht entscheiden. Haben die oberdeutschen Mundarten der Gegenwart *ö*, *ü* so dürfen wir dies in der Regel auch dem Mhd. zuerkennen z. B. in *kunnen* = können, dagegen haben *drucken*, *rucke*, *mucke*, *schuldec* nach Ausweis der heutigen Mundarten in oberdeutschen Denkmälern *u* nicht *ü*. Oft kann der Reim entscheiden wie ein Dichter gesprochen hat; reimt er *sunne* (das nie Umlaut hatte) mit *wunne*, so hat er *wunne*, nicht *wünne* gesagt*). Ausserdem zeigen auch sorgfältig geschriebene Handschriften oft die richtige Aussprache. Manche Worte, wie *uns*, *unser*, *umb* sind gewiss viel allgemeiner mit *ü* gesprochen worden als es die Ausgaben schliessen lassen. (S. auch unten § 3.)

Das lange *ü* (in den Hss. *ů*, *ú*) ist in den Ausgaben der Texte, in Grammatiken und Wörterbüchern irreführend durch *iu* wiedergegeben, weil in manchen Hss., vor allem in den alemannischen der Nibelungen und der Minnesänger, *iu* und *ú* zusammengefallen sind. In guten bayrischen und schwäbischen Hss. ist *ú* von *iu* (*ú*) scharf gesondert. Doch ist der alemannische Brauch in Bayern und Schwaben nicht selten nachgeahmt worden.

---

*) Doch ist zu bedenken, dass *ü* und *u* sich noch in manchen Fällen so nahe stehen konnten, dass der Dichter ebensowenig wie der Schreiber — der für beide *u* schrieb — einen Unterschied empfand. Der Umlaut des langen *ú* fiel mehr ins Gehör, darum in Oberdeutschland fast nie *ú* für *ú*.

Von den Diphthongen ist *ei* oft *ai* und *æi* geschrieben, *ie* oft *î*, *iu* sehr gewöhnlich *ü*; neben *ou* findet sich *ŏ*, *au*, neben *öu eu* und geschickter *öi*, *öü*, oft auch unumgelautet *ŏ*, was aber *oü* zu lesen ist, wo immer die oberdeutschen Mundarten übereinstimmend auf *oü* hinweisen, so in *froude*. Für *uo* steht meist *û* für *üe*, *ü*.

§ 2. Aussprache der Vokale und Diphthonge im Mhd.
[§ 1, A. 1.]

Die Aussprache der Vokale war nicht in ganz Oberdeutschland die gleiche. So wurde *ä* (*æ*) in Bayern und einem Teil Alemanniens und Frankens mehr wie helles *a* (á, engl., dänisch a), *a* in Bayern und Franken dunkel (à gegen o hin), in Schwaben hell; *â* meist dunkel, in Schwaben als *ā°* gesprochen. Die übrigen Längen mögen nur in Alemannien und einem Teil Frankens rein gehört worden sein, sonst schillerten die *ê*, *î*, *ô*, *û*, *iu* und *ü* diphthongartig als *üe*, *äu*, *ǝi*, *öe*, *üi*, *oa*, *ou*. Noch vor Ablauf des Mittelalters treten fast allenthalben in schriftlichen Aufzeichnungen Doppellaute auf; in der Umgangssprache der niederen Stände waren sie wohl schon seit Jahrhunderten zu hören.

Das Zeichen e galt für zwei nach Ursprung und Aussprache verschiedene Laute; *legen* ponere hatte ein anderes e als *gelegen* situs. In Süddeutschland scheidet man zumeist beide e noch: das erstere ist geschlossen (dem i ähnlicher, *é* Schmellers), das zweite offen (ä-ähnlich, *è* Schmellers); so lauteten beide auch im Mhd., für das zweite ist oft *æ* geschrieben. Das letztere wird nach Jak. Grimms Vorgang wo nötig als *ë* bezeichnet. Über den verschiedenen Ursprung beider s. unt. (§ 3 und § 4). Ein Teil der *ë* ist schon mhd. zu e geworden, z. B. in *fels*, *swester* s. § 9, c. — Langes *ê* scheint offen, also dem *æ* ähnlicher gewesen zu sein.

Von den **Diphthongen** sind *ei* und *ou*, wie schon die Schreibung oft zeigt meist *ai* und *au**) gesprochen worden, fast in ganz Oberdeutschland wird jetzt so gesprochen oder *a* allein: *kain baum* oder *ka bām*; auch *koi* und *kui* (schwäb. und stellenweise bayrisch) gehen auf *kain* zurück**). Nur das unterfränkische *kā* weist auf ältere Aussprache *ei* oder *äi* hin, die auch in Mittel- und ehedem in Niederdeutschland ziemlich allgemein gewesen sein muss. Auf die Aussprache *boum* weist heute nur noch ein Teil Hochschwabens und Alemanniens mit der Form *bōm*. In Mittel- und Niederdeutschland (auch z. B. in der Pfalz) ist dagegen *bōm* (also früher *boum*) weit verbreitet.

In *ie*, *üe* und *uo* dürfte der zweite Vokal ein unbestimmter Mittellaut (ǝ) gewesen sein wie heute noch im bayrischen, schwäbischen Mundartgebiet und in einem Teile von Franken; kein reines *e* oder *o*. In der Oberpfalz und im westlichen Mitteldeutschland (vielleicht, worauf einzelne Spuren deuten, auch in Oberbayern) war auch der erste Vokal

---

*) genauer *aě* und *ao*.
**) Auch die andere Reihe *koan*, *kuan*, *kon* geht auf *kaen* zurück, *ai* hat sich, wie unten gezeigt, in *ae* und *aǝ* gespalten.

kein klares *u, ü, i*, hier wurden die genannten Diphthonge zu *ou, ui, öü, ei: gout, bruider, möüd, leib* (mit einfacherer Lippenbewegung; bei den ersteren: *uo, üe, ie* müssen die Lippen einander genähert, dann wieder von einander entfernt werden, bei den letzteren ist nur eine gleichmässige Bewegung der Lippen gegeneinander zu machen; man nennt diese Diphthonge deshalb ächte oder fallende, jene unächte oder ungleich fallende oder steigende*). Zu den fallenden gehören auch *au, ai*, zu den steigenden *ua, oa, ea*).

Wenn nun in einer Mundart nebeneinander im gleichen Stamm der Diphthong bald 'fallend', bald 'steigend' erscheint, z. B. im Oberpfälzischen *koan* neben *koin*, so muss hier verschiedene Betonung vorhanden gewesen sein. Die Spaltung von *ai* in *aë* und *aͻ* (*oa*) geht ganz parallel der von *uo* in *uͻ* und *ou*, von *ie* in *iͻ* und *ei*. Die fallenden Diphthonge entsprechen starker einfacher Betonung des ersten Vokales (Akut), die ungleich fallenden zweimaligem Nachdruck (Circumflex); man hat passend die erstere Betonungsweise eingipflig, die zweite zweigipflig benannt; den Unterschied zeigt etwa Zähre verglichen mit zähere (h stumm), die zweigipflige Betonung ist zweisilbiger Aussprache sehr nahe, und oft an deren Stelle getreten.

Auch der Diphthong **iu** hat sich in eine fallende und in eine steigende Form gespalten. Neben *iu* findet sich schon ahd. *ui*. Da aber in mhd. Handschriften sehr oft *ü* geschrieben wird, wissen wir nicht genau, wie im einzelnen Falle gesprochen wurde. Heute ist die steigende Aussprache *iu* ganz selten, dagegen *ui* sehr weit im bayrisch-österreichischen und schwäbischen Dialekt und am Mittelrhein verbreitet. In Alemannien und Ostfranken fiel wohl *iu* frühzeitig mit *ü* zusammen, so dass *ziuge* (Zeuge) und *hūser* (Häuser) den gleichen Laut (eben langes *ü*) hatten. Den Übergang von *iu* zu *ui* mag etwa *iü***) oder *iüi* gebildet haben; dieses *ui* ist um 1300 auch in Franken (Bamberg) und in Teilen Bayerns geschrieben worden, wo es heute unbekannt ist

§ 3. Quantität in Mhd. [§ 1. A. 2.]

Das Längezeichen (allerdings in etwas anderer Form) ist den mittelalterlichen Handschriften nicht ganz fremd. Vgl. z. B. in Könneckes Bilderatlas S. 15 die Probe aus Wiliram. Aber es tritt doch sehr selten auf. Wir schöpfen unsere Kenntnis bezüglich der Vokalquantitäten vorwiegend aus der Etymologie (*i* ist z. B. lang, wo es gotisch *ei* entspricht); aus der späteren Geschichte (*â* ist z. B. später schwäbisch *au* geworden: *frāgen, jāmer, hān* = mhd. *vrâgen, jâmer, hân*; *î* ist später *ei : wîp, sî*; auch *guldîn* zu schreiben sind wir berechtigt, da wenigstens eine Zeit lang später *guldein* galt), aus den guten Reimen: da *Ortwîn* auf *schîn* reimt ist z. B. *-wîn* zu setzen, wozu

---
*) richtiger fallend-steigend.
**) *iü* findet sich oft geschrieben, zumal in Augsburg um 1300.

die heutigen Namen auf *-wein* stimmen; endlich aus dem Versbau: wüssten wir nicht, dass *strâze* langes *a* hat, der Halbvers: *diu molte von den strazen* (Nib. 196) würde es uns lehren, da vor der Caesur zweisilbige Worte nur in der Form eines Trochaeus oder Spondeus stehen können.

Die Längen des Mhd. waren nicht durchweg von gleicher Dauer. In Versen müssen wir sicher gewöhnliche Längen und 'Überlängen' unterscheiden; die letzteren an besonders stark betonten Stellen, wenn unmittelbar nachher eine betonte Silbe folgte, wie z. B. in dem Halbvers

— *unt manec hêrlicher rant**).

Man kann diese Längen wohl als zweigipflig betrachten und den griechischen circumflectierten Längen (vgl. γλῶττα mit χώρα) vergleichen. Auch in der Prosarede wird, nach heutigen Mundarten zu schliessen, eine Abstufung vorhanden gewesen sein. Doch waren nicht nur die Vokale Träger der Silbenlängen; so mochte z. B. in *helfen* wegen der Doppelkonsonanz an und für sich die erste Silbe länger sein als z. B. in *hoven*, aber wo das Wort betont war ist wohl auch zwischen *l* und *f*, oder auf *l* länger ausgehalten worden; das gilt besonders von Doppelkonsonanten: da z. B. *siten* in der guten Zeit nie mit *mitten* reimt, da die Schreiber einfache und doppelte Konsonanten scharf sondern, so müssen *tt, ss, ll* u. s. w. lange ausgehalten worden, die davorstehenden Silben entschieden länger gewesen sein als nach unserer Aussprache**). Wenn heute in der Oberpfalz und sonst z. B. Sing. *fīsch* und Pl. *fĭsch* unterschieden wird, so mag ein Unterschied der Silbendauer schon mhd. bestanden haben, doch war mhd. wohl der Konsonant an der Länge mehr beteiligt als der Vokal. Mit Länge- und Kürzezeichen lässt sich die Abstufung der Silbendauer im Mhd. nicht erschöpfend andeuten. Die mhd. Quantitäten sind im Ganzen uralt überlieferte; vgl. *zehen* δέκα, *mêr* lat. *mâre*, *hâben* lat. *hâbere*, *zant* ὀδοντ-, *vâter* πάτηρ, *pâter*. Nur selten ist die Entstehung neuer Längen durch Zusammenziehung *trân* aus *trahen* Träne, *zênde* Zehent aus *zehende*, *gît* aus *gibet*. Besonders häufig sind solche im mittleren Deutschland: *sīst, geschīt, geschēn*.

Nur unbetonte Silben sind öfter verändert: alte Längen verkürzt: *haben* aus *habên*, *salbete* aus *salbôta*, *gebene* aus *gebôno*, *grǝze* aus *grôzî*; seltener sind durch Betonung im Satz alte Kürzen lang geworden: *du* zu *dû*, *in* zu *în* (nhd. *in das Haus, trete ein*) s. den nächsten Abschnitt.

Schon in mhd. Zeit beginnen die alten Quantitäten zu wanken; das zeigen die neuen Reime, die seit Ende des 13. Jahrh. an Stelle der alten treten, also etwa *vrâgen: sagen, name: sâme* u. s. f. Über die Veränderungen in nhd. Zeit s. unten.

---

*) Die Überlängen kennen vor allem unsere Kinder in ihren Spielversen, so in *Ringle, Ringle Rose, schöne Aprikose* u. s. w.

**) Auch diese Silbenlänge kennen unsere Kinder, vgl. *Hänschen willstu tan-zn*.

Ausser der Quantität im engeren Sinne, kommt auch die mhd. Art die Silben zu teilen in Betracht; wirklich kurz sind mhd. nur Silben von der Form *lĕ-*, *sĭ-*, *nă-*, z. B. in *le-sen*, *si-ben*, *na-me*. Im Mhd. wird die Silbe bei einfacher Mittelkonsonanz vor dieser abgeschnitten, wie in den oben gegebenen Beispielen. Wir kennen diese Art nur noch in Vorsilben: *be-liebt*, und in schweizer Maa.

Wechsel der Quantität. Gleiche Silben können oft schon in der guten Zeit innerhalb der gleichen Mundart verschiedene Quantität haben, wenn sie im Satz verschieden stark betont sind. So wird die Nachsilbe *-lich* bald lang, bald kurz gebraucht (deshalb später bald *-leich*, bald *-lich* und heute im bayrischen Dialekt *namla* = nämlich neben *liepli* = lieblich); so *-în* und *-in* (*guldein*, *wirtein* neben *gülden*, *wirtin*), so *-sît* und *-sit*, *-rîch* und *-rich*. Im Ganzen verkürzen mitteldeutsche Maa. mehr als oberdeutsche, man vgl. z. B. *barbsch* = barfuss *backsch* = Backhaus, *huchst* == Hochzeit, *schient* = Schönheit. Auch einsilbige Wörter können in der Quantität je nach der Betonung wechseln, so *dâ* und *da*, *sô* und *so*, *jâ* und *ja*, *dû* *du*, *in* *în* (so noch mhd., wo auch an und ân unterschieden wird), *uf* und *ûf*. Verkürzungen vor Konsonantenhäufungen sind mhd. noch seltener: *ember* aus *cimber*, *zweinzig* wird später *zwenzig*.

§ 4. Unbetonte Vokale, Qualität. [§ 2.]

Die vollen Vokale der ahd. Endungen und Vorsilben sind allmählich durch einen unbestimmten Laut, der gewöhnlich *e* geschrieben wurde, ersetzt worden*); zuerst verloren die kurzen Vokale ihre ausgeprägte Artikulation, später auch die langen, die dann gleichfalls Verkürzung erlitten. Um 1200 war es nicht mehr fein, ganz unbetonte Silben mit *a*, *i* oder *o*, *u* zu sprechen; in der volkstümlichen Dichtung waren aber noch lange im 13. Jahrhundert Formen wie *ermorderôt* geduldet, und in der landschaftlich gefärbten Prosa tauchen vollere Endungen bis zum Schluss der mhd. Zeit immer wieder auf. In Bayern ist besondere Vorliebe für *ist* (*zwenzigist*, *obrist*), *und* (*weilund*, *lebund*), *at* (*lebate*, *kennate*) zu beobachten, in Schwaben und Alemannien für *ost* (*zwenzigost*), *-un* (*kirichun*), *-i* (*süessi*, *lebeti*); doch sind die Vokale *u*, *o* und besonders *i* hier sicher kürzer und undeutlicher als im Stamm gesprochen worden; *i* scheint sogar den allerschwächsten Vokalschimmer zu bezeichnen; in Mitteldeutschland ist wenigstens *-is*, *ir* für *-es*, *er* lange fast Regel. Auch in der Gegenwart machen sich noch solche Reste gefärbter Endvokale bemerkbar: *Obrist*, *ewig*, *weiland*, *Heiland*, *Bräutigam*, vor allem in Eigennamen wie *Bruno* (neben *Braune*), *Otto* (neben *Otte*), *Hugo* (neben *Haug*), *Arno*, *Bodo*, *Emma*, *Bertha*, *Frida*. Bei diesen haben die lateinische Geschicht-

---

*) Das mhd. *-e* in *blinde*, *gebe* dürfte anders gelautet haben als in den gleich geschriebenen ahd. Formen.

schreibung, die lateinischen Urkunden, die latinisierten Heiligennamen die Erhaltung bewirkt; der Kanzleisprache mit ihrem steifen Wesen werden die Formen *dero, ihro, hero* verdankt, die vielleicht nicht einmal auf die ahdeutschen zurückgehen; neueren Ursprunges ist gewiss *desto*.

End- und Vorsilben mit stärkerer Betonung haben in der feineren Sprache die volleren und langen Vokale des ahd. gewahrt, so die Endsilben -*în, -ung, -ing, -sal, -âre, -bâre, -sam, -haft, -lich* (neben *lich*) -*isch* (neben *esch*) (aber nicht *îg!* dafür meist *eg*) u. a. In der lebendigen Rede sind auch sie aber bald abgeschwächt worden, ganz besonders in Mitteldeutschland; Formen wie die oben angeführten gehen auf ältere mit ə: *barbəs, backhəs* u. s. w. zurück. In Oberdeutschland ist in den Maa. nur *bâre* und *în* öfter durch -*ber* und -*en, -n* ersetzt, so auch schon in mittelalterlichen Handschriften; -*er* braucht nicht aus *âre* zu stammen in *Schneider, Meister;* vereinzelt *mittich* (woraus sogar *mickt*) Mittwoch. Die Formen *ze* (*zu*), *er-, ent-, be-* (vgl. nhd. *benebst*) sind nicht aus den daneben stehenden *zuo, ur-, ant-, bî-* abgeschwächt, sondern aus *zi, ir-* (*ar-*) *int-, bi-*, die im Ahd. und schon früher neben diesen in Verwendung waren und eine andere Ablautsform darstellen.

Das Überhandnehmen des unbestimmten Lautes ə in schwach betonten Silben ist Folge einer tiefgreifenden Änderung der Sprechweise. In den rückwärts liegenden Jahrhunderten waren alle Vor- und Nachsilben noch mit straffer Artikulation gesprochen worden, jetzt ist dieselbe auf stärker betonte Silben beschränkt; in unbetonten waren Lippen- und Zungenbewegungen erschlafft, ja wie der folgende Abschnitt zeigt auch die Ausatmung stark vermindert.

§ 5. Das unbetonte e in Nebensilben.

Die schwach artikulierten Vokale unbetonter Silben werden mit verminderter Kraft des Atems gesprochen und zum Teil ganz unterdrückt. Im Ahd. waren noch viele lange Endvokale vorhanden, sie sind fast alle verkürzt; am frühesten, wenn sie zwischen zwei stärker betonten Silben standen, so in *spilete* aus *spilête, gebene* aus *gebôno;* doch auch sonst: *zungun* aus *zungûn, blinden* aus *blindêm, toufe* aus *toufî.* In Oberdeutschland sind die ə in offener Silbe alle beseitigt etwa seit dem Ende des 14. Jahrhunderts. In der klassischen Zeit waren sie noch zum Teil erhalten. Schon im Ahd. fielen unbetonte Vokale (im Auslaut und Anlaut) neben betonteren gerne weg: *ther* (i)*mo, int*(i) *alla, wir* (i)*nan;* aber die vollständigen Formen herrschten bedeutend vor[*]. Beim Übergang in die mhd. Sprechweise setzten sich

---

[*] Vgl. das Lateinische, wo in der Schrift die Vokale ganz fest erscheinen. Das Ahd. hatte selbst schon in einer älteren Periode unbetonte Vokale verloren; vgl. abd. *tôt, hôrta* mit got. *dauþus, hausida;* ahd. *christân, lattuch* mit lat. *christianus, lattuca.*

die kürzeren Formen immer mehr fest. Auf rein lautlichem Weg vollzog sich der Ausfall 1. vor Vokalen: *wrht'ich, skephâr'ist, unz'an, und'er;* häufig so verkürzte Worte werden in dieser Form fest, wo Neigung zu 'gehackter' Aussprache mit Häufung stärkerer Tonsilben herrschte; 2. zwischen Konsonanten, von denen wenigstens einer starken vokalischen Klang hatte (besonders *l, r, w,* weniger *m, n*); und zwar zuerst vor dem Hochton: *g'loube, al'mahtig, f'loren* (verloren), *g'nâda,* dann auch nach dem Haupttton, zumal zwischen Haupt- und Nebenton und hinter beiden: *unser'n, gebor'n, wer'lt, hol'te, zier'de, gemein'de, vreu'de, bekêr'de* (Umkehr), *men'sche, zwel'f;* der Ausfall vollzog sich so, dass das *e* zu einem ganz schwachen Vokaleinsatz wurde: *geloube* wurde *gəloube, gᵊloube, g'loube, gloube,* ebenso: *geboren* zu *geborᵊn;* nicht sehr beliebt wurden Verkürzungen wie *mer's, her's;* dagegen fällt vor *st e* gerne: *êr'st, für'st,* auch vor *s* nach unbetonter Silbe: *ritter's;* 3. zwischen Konsonanten gleicher Artikulation: *urstendide* zu *urstende, kundida* zu *künde, redete* zu *rette, wârre* aus *wârere, keten* aus *ketenen;* der Ausfall vollzog sich allmählich, indem z. B. die *d*-Stellung der Zunge immer weniger verlassen wurde, zuletzt ganz unverändert blieb, der Vokal anstatt zwischen die beiden *d* hinein gesprochen zu werden, während des andauernden *d*-Verschlusses durch leichte Muskelbewegung angedeutet, dann als er nicht mehr hörbar war, ganz übergangen wurde; 4. im Auslaut zuerst nach kurzer oder unbetonter Silbe, die mit *l, r* schloss, später auch nach *m, n: var', hol', mer', blinder', vil', zal'* (ahd. *varu, holo, meri, blindera), dem',* aber *brûtegome, beseme, lîchname, ketene* sind noch sehr gewöhnlich; auch hier sank der schwache Vokal zu blossem Nachlaut des Konsonanten herab, ehe er ganz fiel; so schon statt ahd. *gebôno gebôn.* Nach langer Stammsilbe war der Vokal immer noch stärker betont als nach kurzer, hielt sich daher selbständiger: *vâ-rè;* 5. überhaupt zwischen zwei leicht zusammensprechbaren Konsonanten, zumal wenn sie an zwei von einander etwas entfernteren Stellen artikuliert werden, so dass die Veränderung der Zungenlage (etwa von *k* zu *s*) eine merkliche Spanne Zeit in Anspruch nahm; der Ausfall trat hier ein, indem das *e* (*i*) nur als unwillkürlicher Übergangslaut (Hiatus, Gleitlaut)*) empfunden und bei schneller Aussprache ganz unterdrückt wurde; so kommt schon im Anfang des 12. Jahrhunderts *danchs, vierz'gost,* bald auch *tûtsch* aus *tiutisch,* später *Rüed'ger, lop'te, lîb's, deg'n, sag'n* u. dgl. vor. Folgten in einem Worte neben den Ausfall begünstigenden Konsonanten mehrere unbetonte *e* hintereinander, wie z. B. in *micheleme, bitterere, edelste,* so fiel lautgesetzlich das schwächste, das auf kurze Haupttonsilbe oder auf halbbetonte Nebensilbe folgte: so dass *michel'me* (aber *ed'lem'), bitter're, ed'leste* entstanden. Bald aber scheinen bestimmte Ausgänge bevorzugt worden zu sein, also im Dat. -*em,* -*er,* im Superl. -*st,* im

---

*) in *arᵉm, durᵉch, erᵉbe,* neben *arm, durch, erbe* liegt das Verhältnis ähnlich: nur dass hier der Mittelvokal nicht auf einen alten vollwertigen zurückging.

nom. plur. der **Adjektive** -*e* und so kamen *mich(e)lem, bittrer, edelste* auf; beim **Subst.** halten sich endungslose Formen wie *besem', himel', ritter', keten'* wenigstens in Oberdeutschland unbeeinflusst von nebenhergehenden wie *knâbe, tage.*

Für die aus- und abgefallenen *e* ist Ersatz nicht eingetreten, während für den Ausfall unbetonter Vokale in der ältesten deutschen Periode durch Verlängerung des Vokales oder des Konsonanten Ersatz eintrat (*fiskas* wurde *fîsch, fiskōs fische* in einem Teil der Mundarten, in anderen dürfte eine ähnliche Regelung eingetreten, aber wieder verwischt worden sein); ein Beweis dafür, dass der Abfall sich in den zwei Perioden auf verschiedene Art vollzog.

Die fünf Gruppen von Verkürzungen sind um 1200 der feineren Sprache, auch der Dichtersprache geläufig. Aber die vollständigen Formen mit Ausnahme etwa der Klasse *zieride, gemeinide* u. ä. waren noch in lebendigem Gedächtnis wenigstens der Gebildeteren. Auch im Nibelungenlied verlangt der Versbau z. B. noch *Etzelen, Guntheres, degene,* Formen die auch von den Hss. geboten werden; noch im 15. Jahrhundert ist die ältere Überlieferung nicht ganz vergessen.

In Bayern-Österreich scheint man zuerst in der alltäglichen Sprache die unbetonten *e* im Auslaut durch Ausgleich (z. B. *tet siu* wegen *tet er, ich gib* wegen *ich var, scharn was* wegen *scharn ist* u. s. w.) beseitigt und sich mit dem abgehackten Rythmus befreundet zu haben; später auch in Schwaben, Franken und nördlicher (und unabhängig davon an der Seeküste). Im östlichen Mitteldeutschland dagegen, wo doch Nachsilben in so ausgedehntem Masse fielen (*baksch, barbs, hukst* für Backhaus, barfuss, Hochzeit), hielt man an den Endungs-*e* fest und nahm sie auch an Stellen wieder an, wo sie verloren waren, ja wo sie nie gestanden hatten, sagte also *vare, dere, rittere* und *ich sahe gabe* u. s. w. — Auch in Oberdeutschland konnten solche Formen entstehen; wenn ein Schreiber sich bemühte 'fein' zu schreiben, setzte er an allen möglichen Stellen *e* an; so schon der Schreiber der Nibelungenhandschr. C: *den tische, ich mage**).

Vor Konsonanten fiel in Oberdeutschland unbetontes *e* fast durchaus: *loben, geben, fadem, regen,* wurden bayrisch, z. T. auch fränk. *lobm, gebm, fam, reng, nâdel* bayr. *na'l.*

In der **nhd. Schriftsprache** ist das *e* meist nach obersächsisch-schlesischer Weise behandelt worden. Wo es die Endung darstellte ist es meist wieder angefügt: *ich fahre, der edle.* Wo es zum Verständnis entbehrlich schien, ist es der Regel nach gefallen 1. nach nebentoniger Silbe: *Herzog* nhd. *herzoge, Leichnam* mhd. *lichname* (Behaghelsches Gesetz); 2. zwischen Haupt- und Nebenton: *lobte, sagte, eigne, bessre;* 3. wenn noch ein oder mehrere Konsonanten folgten, die ohne Vokal sich dem vorausgehenden anreihen liessen: *Dienst.*

---

*) Man vgl. den englischen Schreibbrauch: *wife* Weib hatte im Englischen nie ein -*e* im Auslaute.

Haupt, Papst, Krebs, Obst = mhd. *dienest, houbet, babest, krebez, obez;* alle wohl nach den ursprünglich dreisilbigen Formen wie *dieneste, houbetes,* die das mittlere *e* zuerst verloren, gebildet; daher auch *gelobt* nach *lobte* und *gelobter.* Ausserdem fiel das *e* in einzelnen Fällen anscheinend regellos so bei den Femininen: *Qual, Pein, Bahn* u. aa. (aber *Schale, Leine* u. aa. haben es behalten), bei schwachen Maskulinis wie *Hahn, Schwan,* bei Neutris wie *Reich, Bett, Bild.* S. d. Deklination. Nach harten Lauten, Fortes scheint (nach Behaghels Ermittlungen) *e* eher zu fallen als sonst, also zwar *Gebäude,* aber *Gemüt, Gepäck; Geleise,* aber *Gefäss, Gedränge,* aber *Geschenk.*

§ 6. Die Vokale unbetonter Wörter.

Wörter, die sich an vorausgehende oder folgende anzulehnen pflegen, werden behandelt wie Vor- oder Nachsilben. In der Dichtung waren die Verkürzungen der alltäglichen Rede in viel weiterem Umfang gestattet als heute. (Vgl. das Holländische der Gegenwart.) Formen wie *ern* aus *er-ne, kundens* aus *kundensi* sind aufzufassen wie *michelm* aus *micheleme: ze'r, ze'm* sind zunächst auf *zedre, zedme* zurückzuführen. Am auffälligsten sind uns Verkürzungen wie *s'küniges, 'ngap, 'neben* für *des k., eng., en-eb.* Doch kommen ähnliche auch heute in der Umgangssprache vor: *ums Himmels willen; neben* ist auch neuhochdeutsch; aus *ngap* ist schon mhd. wieder *engap* geworden, wie in oberdeutschen Mundarten aus *'n, 'm Vater in Vater* wurde. Bemerkenswert sind ausser den in der Grammatik angeführten Beispielen noch *unz* aus *undeze, hinz* aus *hinze, daz* (später wie eine einfache Präposition besonders in Bayern gebraucht *daz München = in M.*), ferner *eist = ez ist, deist daz ist,* womit das heute ziemlich allgemeine *franzöisch* (französisch) zu vergleichen ist; der Anlehnung an andere Worte sind die Verkürzungen von *unde, umbe, alse, ieze, ane, vone,* in *und, umb* u. s. w. zuzuschreiben.

Ausser den in der Schrift erscheinenden Formen enklitischer Wörter sind wohl noch andere üblich gewesen, die in älterer Zeit (z. B. bei Otfrid) und in neueren Mundarten erscheinen, so z. B. aus *ire, ime, inan, eineme* nicht nur *ir, im, in, einem,* sondern auch *re, me, nen,* heute *ra* oder *ara, ma* oder *ama, na* (*i ha ra* oder *ma, na gsagt*).

§ 7. Einschiebung unbetonter e.

Nicht zu verwechseln mit den aus irregehendem Sprachgefühl angesetzten *e* z. B. in *ich sahe,* sind die auf lautlichen Weg hereingekommenen. Schon aus dem Ahd. sind viele solche ererbt, so in *winter, bitter, zeichen, samenen* (sammeln) aus *wintr* u. s. w. Jede Konsonantengruppe die den Ausfall eines in mitten stehenden *e* zuliess, konnte bei starker Betonung den sonst kaum hörbaren Übergangslaut zum wirklichen Vokal ausklingen lassen, so entstand aus *Burgonden,* sobald man nach *Bur'* länger aushielt, *Buregonden*, aus *sorglich soreclich, wâreheit* aus *jwârheit;* später auch *eribe, durich, kalich, zoren.* In neueren Mundarten, z. B. in Österreich sind solche Vokale fest geworden und haben sogar die folgenden Konsonanten überdauert; vgl. öst. *weri, beri* für Werk, Berg.

Im Nhd. findet in einem Falle Einschiebung von *e* statt, nämlich in den Gruppen *eir, eur, aur;* vielleicht zuerst wenn noch eine Silbe folgte (die Sprache hat eine Abneigung gegen *rə* im Anlaut unbetonter Silben)*), vielleicht überhaupt, da *r* sich an die *i* und *u* wie sie in den Diphthongen gesprochen wurden, nicht leicht anschliessen liess; vgl. auch *miër, dïër* in der älteren oberdeutschen Schriftsprache.

B. Geschichtliche Beziehungen der mhd. Vokale.

§ 8. Die Grundlagen des mhd. Vokalismus. [§ 3.]

Zur Beurteilung derselben empfiehlt es sich, über das althd. zurückzugehen. Es entsprechen im allgemeinen

ahd.	a	ë	i	o	u	â	ê	î	ô	û
gotisch	a		i(aí)		u(aú)	ê	ái	i	áu	û
griech.	α	ε	ε	α, o	υ	η	οι	ει	αυ	$\bar{v}$
oder	o		ι	υ	α, o		αι	$\bar{\iota}$	ου	

ahd.	ei	ou	ia	io	iu	uo
gotisch	ai	au	ē	iu		ô
					iggv	
griech.	οι	ου, οϝ		ευ		ū**)
	αι	αυ	?	εϝ		ω

Beispiele: ὀκτώ, ἀνά; δέκα; ἑπτά; θυγάτηρ υἱός (sun), ἑκατόν (hundert), ἀμφί (ümbe), edi (az), αἰών (êw-ig), -ομεν (êm), τρεῖς; auris, μῦς (mûs), οἶδα (weiz), αἴθω (eit Feuer), αὐξάνω (ouchên), ῥόϝος (strou-m); πλέϝω (fliozan), πεύθω (biotan, biutist), δωμός (tuom), μάτηρ (muoter). Erst innerhalb des Althochdeutschen sind entstanden ein Teil der *ia* (s. § 34); aus lateinisch-romanischen Vokalen stammen die von Lehnworten z. B. *ie* in *spiegel* (§ 10), ferner *î* aus (geschlossenem) *ē* in *krîde, pîne* (poena), *fîre* (feria); *û* aus lat. *ô* in *mûr* = morus Maulbeerbaum; *uo* in *schuole*.

---

*) wenigstens in einem Teil des deutschen Sprachgebietes; so wird im Unterfränkischen der Auslaut -*rə* vermieden, während *lə, mə, nə* für *len, men, nen* durchgedrungen ist; in Schwaben, wo es *zorə, korə* für Zorn, Korn heisst, ist auch *leirə* für Leier erhalten.

**) ob dem got. *ô*, mhd. *uo* *ū* oder *ō* zu Grunde liegt, lässt sich nur in einem Fall sicher entscheiden: *hwuo-* muss auf *kwā* zurückgehen, *kwō* ist *huo-* geworden.

§ 9. Umlaut. [§ 3.]

Der Umlaut ist erst in der ahd. Zeit begonnen und hat damals erst das kurze a ergriffen; darnach folgen $\hat{a}$, iu, $\hat{u}$, uo, $\hat{o}$, u, o. Um 1200 ist der Umlaut wohl abgeschlossen: was später an Umlaut neu auftritt ist durch Übertragung entstanden; *täge* hat den Umlaut Paaren wie *schlag, schläge* entlehnt. Meist nur so übertragen ist der Umlaut des o. Die Grundformen der umgelauteten Worte bieten uns das Gotische *lagjan* (legen), *arfia* (Erbe) u. s. w., z. T. auch das althochdeutsche, vor allem lehrreich sind die lateinisch-romanischen Formen von Lehnwörtern wie *catina, mat(ut)ina, calic, monita* (moneta), *cuminum, tolinarius, scolarius, câsius*.

Die Wirkung des i ist für unser heutiges Sprachgefühl kaum fassbar. Sie besteht darin, dass der vorausgehende Vokal die Zungenstellung für das folgende i statt der ihm eigentlich zukommenden erhält. Der psychische Vorgang wird uns durch ähnliche klarer: statt *regnen* wird häufig *rengnen* gesagt; d. h. das Gaumen -n wird oft zu früh begonnen; aus *lest* ultimus wurde *letzt*: der Verschluss für t wurde zu früh vollzogen. Nun gibt a mit i-Stellung der Zunge geschlossenes e (wie in obd. *legen*)*), also *blatir* = *bletir*. Bei den anderen Vokalen scheint die gemischte Stellung langsamer sich eingebürgert zu haben (von der u-, o-Stellung ist die Bewegung zu i hin weiter als von a aus; was bei $\hat{a}$ der Grund für die Verzögerung war ist unklar); auch ist bei ihnen im Oberdeutsch. wohl die Zunge nicht mehr ganz in die i-Lage vorgeschoben worden, sondern etwa in die des geschlossenen e: $\hat{a} + e$ ergab helles $\hat{a}$ oder $\hat{æ}$, $o + e$ $\ddot{o}$ u. s. w. In Mitteldeutschland trat die Wirkung des i früher und gründlicher ein, deshalb wurde z. B. $\hat{a} + i$ zu $\hat{e}$, $\hat{o} + i$ zu i-haltigem $\hat{o}$ (jetzt *schône* statt *schoen*). Der Wirkung des i standen auch einzelne Konsonanten oder Konsonantenverbindungen im Weg. So der *ach*-Laut in den Lautgruppen *ahs, aht*, r in der Verbindung -ar, seltener nach u; l + Konsonant in den Verbindungen al^z, ul^z, ol^z, besonders in *ald*, n + Konsonant in der Folge un^z, besonders in *und*, *ck* nach u; b, w, m, f (also Labiale) nach u, au; r und w nach iu. Entweder hielten die Konsonanten an der Zungenlage des vorausgehenden Vokales durchaus fest, und hinderten den Umlaut ganz, oder sie verzögerten ihn und nahmen schliesslich nur eine i-ähnliche, nicht wirkliche i-Lage der Zunge. So blieben in Oberdeutschland meist unumgelautet: *schuldic, guldin, geduldic, rucki, brucki, Guntheri, druck'an, sûm'an, gloub'an*, stellenweise auch *kundi* (könnte), *hurtig*, während schon in Franken und noch mehr im eigentlichen Mitteldeutschland *schüldic* u. s. w. Platz griffen. So wurden ferner *nahti, gislahti, mahtig, hahsi, haruwîn* (flachsern) oberdeutsch

---

*) doch kann das geschlossene e auch anders, nämlich mit eigener Zungenlage und eigener Lippenstellung hervorgebracht werden; dieses e ist weiter unten im Text mit $\dot{e}$ gemeint.

nur bis *na͜hte, gesla͜hte, ma͜htec, ha͜hse, ha͜rwîn* umgelautet. Dieser Halbumlaut war dem *a* noch näher, als unser gewöhnliches *ä* und ist heute zum Teil als *ä (è)* gesprochen, zum Teil als helles *â*, so im ganzen bayrisch-österreichischen Gebiet: *nǟχt*, in einem kleineren Umkreis in Ostfranken, in Teilen des Elsasses und der Schweiz.

Endlich haben zwischen vollem Vokal und *i* liegende Silben den Umlaut aufgehalten: *skuohsûtâri* ist *schuoster*, nicht *schüester* geworden *pfarefrit (pararevedus) pfǣrfrit, pfǟrt*, nicht *pferd* (was md. ist). Weitere Beispiele: *gærtenære, frǣrel (frafali), fæʒʒelin, væterlin, mænneglich (mannogilih)*.

Auch der Halbumlaut ist in den Wortklassen, wo er besonders häufig war, verallgemeinert; so haben ihn die Deminutive in Ober- und Mitteldeutschland, vielfach auch die Komparative, die Personenbezeichnungen auf *-er*, im Bayr.-Österr. auch die Plurale (*mân* Männer). S. Schmeller, Maa. Bayerns § 124 ff. Aus Mitteldeutschland mögen Proben aus dem Braunschweigischen (Liesenberg, Stieger Mundart S. 13) hier folgen: *äcker* pl. *äckersch, jätze* (Gasse) demin. *jätzchen, lächen: lächen, schwäch* comp. *schwächer*.

Unterblieben scheint der Umlaut des *o (u)* im westlichen Mitteldeutschland unter ähnlichen Verhältnissen wie in Oberdeutschland: vgl. *wonne* (alt *wunni*), *tommelen, lommel* (Lümmel), *golden, holzern, kroll* (kraus), *rolzen* u. s. w., von welchen Formen einige ins Hochdeutsche übergegangen sind; viel verbreiteter sind aber im *o*-Gebiet die umgelauteten *tömmeln, kröll, rölzen, schöldig, gölden, gedöldig*.

Umlaut des iu. Aus genaueren Handschriften ist derselbe deutlich zu ersehen: ahd. *ziug* ist später *ziuc, zẹc* geschrieben, ahd. *liuti, diutisk, kiuski, gariuti* aber *lûte, dûtsch, kûsche, gerûte*. Klarer noch ergibt er sich aus der späteren Lautgeschichte: altes *iu* ist in bayrischen Hs. des 14. Jahrhunderts *eu: zeuc*, umgelautetes aber *eu leut, gerǣut* u. s. w. In Schwaben ist heute altes *iu* zu *ui* geworden, umgelautetes aber *oi* (früher *uü*): *Luitkirch, Luitpold* (ahd. *Liutchirihha, Liutpolt*), *bruier, nui* (alt *briuwâri, niuwi*, *w* hinderte den Umlaut, nur wo *i* lange sich erhielt, wirkte es durch *r* und *w* hindurch, so *rœuwic, hœurig, nœulich*), aber *loit, doitsch* u. s. w., ähnlich in Altbayern und in Teilen Österreichs. Im Fränkischen, im städtischen Altbayrisch ist *iu* mit *û* zusammengefallen in *ai: lait, haiser* wie *zaig*, ebenso meist in Mitteldeutschland; doch findet sich stellenweise für *iuu â*, später *au: niuwe = nû* (Naum-burg, Nauheim), *triuwen = trûn* (traun).

Umlaut des ë. Wo hinter *ë* in jüngerer Zeit *i* trat, scheint *ë* zu geschlossenem *e* geworden zu sein: *fëlis* zu *fels, sëhsi* zu *sehs, swëstir* zu *swester*, ebenso *gestern, ledig*. (In älterer Zeit konnte vor *i* nur *i* stehen, war also *ë* assimiliert, nicht nur umgelautet. S. zu § 5, 1.)

Umlaut des ai (mhd. *ei*) ist für die ältere Zeit nicht anerkannt; doch scheint er nicht unmöglich: vor *i* ist *ai* besonders oft durch *e* vertreten: *fleisch* z. B. hat neben sich *flêsch* (aus flaiski-), *heide, bêde* (*beidi-*), *heilig*, *hêlig* und *hîlig*, *wênig* (aus *weinig*) hat nur *ê*. Durch den i-Umlaut wäre etwa *ai* zu *ei* geworden, das *i* bildete nur einen schwach unterschiedenen Nachlaut des geschlossenen *e* und verschwand deshalb auch wohl ganz. Im umumgelauteten *ai* blieb der erste Laut im Süden offener, so dass das *i* (so lange wirklich *i* gesprochen wurde) nicht darin aufgehen konnte. In späterer Zeit wird übertragener Umlaut bei *ei* häufig: bayr.-öst. *kloan* comp. *kleaner*; fränk. *klā^n*, *klenner*.

Der Umlaut im späteren Mhd.*) Der Umlaut hat im Nhd. zweierlei Bedeutung. Entweder ist er eine abgeschlossene geschichtliche Erscheinung wie in *Kette*, *Käfig*, *legen*, *Meer*, *Süden*, die nur zum Teil an der Schreibung (*ä*, *ö*, *ü*, *aü*) noch ihren Ursprung verrät, oder er ist ganz unabhängig von der alten Sprachentwicklung als Wortbildungsmittel oder als Flexionsmittel verwendet. Im letzteren Fall hat das Mhd. den Zusammenhang der Formen viel weniger zum Ausdruck zu bringen gesucht als den Laut; da wurde also *gast geste*, *lût liuten* geschrieben, etwas später noch *laut*, *leuten*. In den letzten Jahrhunderten hat man dagegen pedantisch den etymologischen Zusammenhang in der Orthographie berücksichtigt, daher *trägst*, *Gäste*, *läuten* geschrieben, dabei natürlich auch oft fehlgegriffen; so hat *Beere*, eigentlich Umlautsvokal, *Bär*, *Käfer* u. a. ursprünglich *ê*. Die Etymologie ist auch vergessen bei der Schreibung *Eltern*, *Gesetz* (vgl. Satzung), *Kissen*, *ereignen* (besser wäre *eräugnen*, vor Augen treten) u. a.

Die nhd. Schriftsprache hat, wenn umgelautete und umumgelautete Formen neben einander bestanden, meist die fränkisch-md., umgelauteten Formen angenommen: *Rücken*, *bücken*, *Mücke*, *Süden*, *hüpfen*; doch neben *drücken* auch *drucken*, neben *Lücke*, *Lucke*, neben *zücken*, *zucken*; schon mehr mundartlich klingt *funfzich*, *hupfen*.

Die Familiennamen sind bei der stetigen Wanderung von Familien gemischt: *Günther*, *Gönther* (md.), *Ruckert*: *Rückert*, *Rauber*: *Räuber*, *Maurer*: *Meurer*, *Hauer*: *Hoier*.

Unumgelautete md. Formen sind z. B. *golden*, *Wonne*, *wonnig*, *frommen*, *sonst* (s. oben S. 12); umumgelautete hochd. z. B.: geduldig, schuldig, Gulden, rupfen, stupfen, Buckel, Sulze, Jude, tummeln, Plunder.

Der Mundart eigen, aber der Schriftsprache fremd geworden, sind z. B. *ünser* (bair., schwäb., alem.), *üm* (obd. und bes. md.), *rüpfen*, *täufen*, *nütz*, *käufen* (fränk.-md.), *wöllen* (richtiger *wellen* obd. und md.), *rüfen* (obd., md.).

Umlautsvokale anderen Ursprunges. Abgesehen von den durch Übertragung entstandenen *ä*, *ö*, *ü* u. s. w. sind im Nhd. auch Umlautsvokale vorhanden, die einer anderen Entwicklung entstammen. Im mhd. gehört *iu* nur scheinbar hieher, denn *iu* ist kein Umlautsvokal, sondern Diphthong, der Umlaut lautete *ü* s. ob.; dagegen sind *e*

---

*) S. K. v. Bahder, Grundlagen des nhd. Lautsystems (Strassb. 1890). Bes. S. 104 ff., 199 ff.

vorhanden, die nicht auf *a* zurückgehen, so die oben gestreiften in *sehs, fels, swester, pelz*.

Nicht Umlaut von *o* sind die noch in mhd. Zeit auftretenden *ö* in *wöllen, zwölf, löffel*, oft auch *mörz* (März), *öpfel, frömd;* die nhd. *schöpfen, löschen, hölle, flötz, stöhnen, gewöhnen:* bei all diesen hat ursprüngliches *e* durch die benachbarten Konsonanten eine dumpfere ("gerundete") Aussprache erhalten und wurde von den Schreibern als *ö* aufgefasst. Ein Teil der unächten *ö* ist wieder beseitigt worden.

Ähnlich steht es mit *ü* in *wüsste* (aus *wisste*); erst aus wüsste ist dann *wusste* gebildet; unächtes *ü* auch in *Würde, flüstern, Hülfe*.

In den Mundarten sind solche neue *ö, ü, eu* noch viel zahlreicher; so in Oberdeutschland gewöhnlich *stöllt* = stellt, *hölt* = hält, *würft, hülft, brülln* (Brille); in Ostfranken und östlicher *Pfeuffer* (pfäufer), *Reuter*; in Altbayern sind sogar die meisten kurzen *e* des Mhd. (auch die *ë*) zu *ö* geworden *lösn, göbn, sötzen* (s. unten).

Aussprache der Umlautsvokale im Nhd. Wie oben bei *e* gezeigt ist die Aussprache der Umlautsvokale im Nhd. zum grössten Teil von der Orthographie abhängig. Das gilt auch für *ö, ü, äu, eu*: in der mundartlichen Aussprache auch der Städter ist im grössten Teil Oberdeutschlands (nur ein Teil Alemaniens und Ostfrankens fällt weg) und Mitteldeutschlands, auch an der Seeküste, die alte Aussprache von *ö, ü* verloren gegangen und *e* (sogar *ä*) und *i* an die Stelle getreten. In mhd. Zeit wurden sie zunächst mit der starken Lippenrundung (und Vorstülpung) der *o* und *u* gesprochen. Schon im 14. Jahrhundert beginnt diese zu schwinden, zuerst wohl in Bayern, dann in Schwaben, später in Franken und Mitteldeutschland, so dass z. B. Formen wie *kinig, migen, heren, deitsch* ganz gewöhnlich werden. Doch erhielt sich die gerundete Aussprache (wohl in gebildeteren Kreisen) daneben noch im 15. Jahrhundert.

Die oben erwähnten unächten *ö, ü, äü* hängen mit den Umlauten weder geschichtlich, noch auch lautlich zusammen; wenigstens in Bayern, Schwaben und einem Teil Frankens sind sie ohne Lippenrundung gesprochen, der *ö*- und *ü*-ähnliche Klang wird durch die Zungenlage hervorgerufen; beim bayerisch-österreichischen *ö* in *lösn, göbn* ist sogar die Lippenstellung des *ü* möglich.

§ 10. Der Ablaut [§ 3]

unterscheidet sich vom **Umlaut** dadurch, dass er 1. uralter Herkunft, schon in der indogermanischen Urzeit vorhanden ist, 2. nicht ein Übergehen von einem Laut in einen ähnlichen und aus ersichtlichen Ursachen erklärlich, sondern eine Art Ablösung, Stellvertretung zwischen Lauten ist, die im Deutschen weit von einander abliegen; die Ursache der Abwechslung liegt weit hinter der deutschen Sprachgeschichte zurück und kann nur annähernd erschlossen werden: sie dürfte in der verschiedenen Betonung liegen.

Der Wechsel geht nach zwei Richtungen: längere Laute (und Diphthonge) wechseln mit kürzeren oder Vokallosigkeit (quantitativer Wechsel): vgl. griech. γεν-, γι-γν-, ahd. *knuo-sal*, Herkunft: *kun-ni* Geschlecht, *stîge = gestigen*. *fuor = varn*; oder ein Vokal (Diphthong) wechselt mit einem anderen, langer Vokal mit Diphthong (qualitativer W.): so in *tât = tuom*, *gezâme = widerzuome*, *stîge = steig*, *fliegen = floue*; von Anfang an quantitat. waren alle Wechsel mit $\breve{u}$, $\bar{u}$, da u allen anderen Vokalen gegenüber eine schwächere Stufe vertritt; also nicht bloss in *zôh : zuht*, *fuor : furt*, sondern auch in *werfen : Wurf*, *bergen : Burg*, in *hundert* (vgl. gr. ἑ-κατόν, α = εν); so ist es erklärlich, dass sich *hulfen : helfen* verhält wie *stigen : stîgen*. Auch e/i ist hie und da als schwache Stufe zu betrachten, die dem u entspricht; in den gleichen Verbalformen, wo neben dunkleren Konsonanten (l, m, n, r, ht) o/u steht, haben die übrigen Konsonanten e/i neben sich; vgl. starke Stufe *werfe*, *gebe* (mit starkstufigem e = gr. ε), aber: *geworfen*, *gegeben* (mit schwachem o und e); *lus-t*, *luf-t*, *fluht*, *tri-ft* haben dieselbe Stufe, wie *gif-t* (aus *geb-ti*). Endlich ist auch a bisweilen Stufe der schwächsten Betonung: a in *getragen* entspricht dem u in *gebunden*, dem o in *geworfen*, a in *maht*, dem schwachen u in *fluht*. So ordnen sich die Ablautsvokale folgendermassen.

a) Grundformen.

Quantitativer Ablaut 1—4, qualitativer a, b.

	1		2		3		4	
	a	b	a	b				
I. alt	$\bar{e}$	$\bar{o}$	e	o	a		— (gänzl. Ausfall)	
gr.	η	ω	ε	ο	gew. α		—	
got.	$\hat{e}$	$\bar{o}$	i	a	i	u	—	
ahd.	$\bar{a}$	uo	e/i	a	e/i	o/u	—	
mhd.	$â$	uo	e/i	a	e/i	o/u	—	
II.	$\bar{e}i$	$\bar{o}i$	ei	oi	$\bar{\imath}$		i	
got.	$\hat{e}j$	$\hat{o}j$	$ei(\bar{\imath})$	ai	$ei(\bar{\imath})(\hat{e})$		i	
ahd.	$âj$	uoj	$î$	$ai\,ei/ê$	$î\,(ia)$		$i/ë$	
mhd.	$æj$	$üej$	$î$	$ei/ê$	$î\,(ie)$		$i/ë$	
III.	$\bar{e}u$	$\bar{o}u$	eu	ou	$\bar{u}$		u*)	
gr.	η*f*	ωυ	ευ	ου	$\bar{v}$		v	
got.	$\hat{e}w$	$\hat{o}w\,au\,\hat{o}$	iu	au	$\hat{u}$		u	
ahd.	$âw$	$uo\,\hat{u}$	iu/io	$ou/ô$	$\hat{u}$		u/o	
mhd.	$âw$	$uo\,\hat{u}$	iu/ie	$ou/ô$	$\hat{u}$		u/o	

---

*) auch umgekehrt *uê, uo, ue, uo, ū, u*, z. B. κύων κυνός; got. *quen*- Frau engl. *queen*), nord. *quinna*, mhd. *kone*; *quâmen, quemen, quam, kunft*.

IV.	ē	ō	e, o?	ə
got.	ē	ō	a	u, u
ahd.	â	uo	a	u, u/o
mhd.	â	uo	a	u, u/o
V.	ā	ō	a	ə
gr.	α, η	ω	α	(α)
got.	ô	ô	a	a/u
ahd. }	uo		a	a, u/o
mhd. }				

Ausserdem vereinzelte Wechsel, die für das Deutsche nicht bestimmt belegbar sind. Nur wenige Reihen sind in einer Sprache bei einem Stamm vollständig vorhanden; so fehlt z. B. im Griech. zu ὀδοντ- der Ablaut δεντ, im Latein umgekehrt zu dent- dont, ebenso fehlt im Got. tanþ, im Deutschen zund. In den Reihen IV und V ist es zweifelhaft, ob die kurzen a als zweite oder dritte Stufe anzusetzen sind. Vor mehrfachen Konsonanten fehlt Stufe I fast durchaus.

Weitere Beispiele:

I. mhd. gâbe, gëben, gap; gift. (sâge), sahs, sichel. swâger; swëher, swiger.
    mâz, mëzzen. maz, gemëzzen
    râche, rëchen, rach, gerochen.
    bâre, bërn (tragen); barn (Kind), bürde.
    bequême, quëmen, quam; gekomen, kunft
    âz (Speise), âzen; ëzzen, az, gëzzen,
    sprâwen (streuen), sprüewen; spri-u (Spreu), spratzeln,
    wüegen (in Erinnerung bringen), wahen (erwähnen), dazu lat. vōx, gr. ἔπος.
    vuore (Fuhre), varen, furt (gr. πέρας, πύρος zeigen, dass der Stamm, der scheinbar zu V. gehört, hier seinen Platz hat).
    küene (kühn urspr. kundig); kan, kennen; kunde; engl. know wissen.
    trinken; trank, trenken; trunk
    brinnen; brand, brennen; brunst.

II. mhd. stîc, stîge; stiege; gestigen, stëc
    leiten; lîden (gehen), lît (Weg); lëdic
    reisen, reite (Fahrt), rîten; ritter,
    rêren (vergiessen); rîsen (fallen), riseln.
    scheite (Holzspan); schît (Scheit), schiter (dünn).
    schrei (Schrei), schrîen; geschi(r)n.
    treip (Viehtrieb), trîben; tribel (Werkzeug z. Treiben), trift
    rêch (Reh), ricke
    lêren; list, lërnen.
    weichen (aufweichen); wîchen; wich (das Weichen).

III. mhd. *bouc* (Ring); *biuge* (Krümmung); *bucken, boge* (Bogen).
rouch; riechen; geruch.
sloufe (Öhr) *slûf* (dass.); *sliefen: slupfen, sluf.*
vlöugen (aufscheuchen); *vliegen: flügel, fluc.*
dôz (Getöse), *diez* (Schall), *duz* (dasselb.),
genôze: geniez (Nutzung); (*genuz*) *nutzen.*
lôs: verliesen (*ich verliuse*); *verlust, verlorn.*
froren; frieren; frost.

IV. mhd. *wâjen; wuot.*
râten, râtsel; rede.
slâfen, slaf.
lâzen, laz (lässig).

V. mhd. *muos, gemüese; maz* (Speise).
wuor (Wehr im Fluss); *warnen, weren.*
muor (Moor), *mere* (Meer).

Ablautslose Vokale sind alle in Lehnworten, vor allem *ie* aus *ê, uo* aus *ô, î* aus *ê* wie *brief, schuole, pîne* s. ob. No. 8; doch ist *î* mit Ablaut versehen in *schrîben* (was doch wohl aus scribo entlehnt ist), später auch in *prîsen* (aus pretiare).

Nicht Ablaut ist der in [§ 5] besprochene Wechsel von *e/i, o/u, iu/io.* Natürlich spalten sich die Ablautsvokale im Mhd. weiter in umgelautete (*gemüese*) und umumgelautete (*muos*).

Anm. Die lateinischen Ablaute sind unklar; so kann *dūc-* = *deuc, douc, dūc* oder *doic* sein; *dīc* = *deic, doic, dīc*; Ablaut ist z. B. vorhanden in *pello pepuli, vello vul-, vĭdeo vidi, vĕnio, vēni, dūcere dŭcare, foedus (fido) fĭdus.*

b) Spaltung der alten Ablautsvokale. ('Brechung', Zusammenziehung.) [§ 9.]

Die Vokale in ( ) sind die jüngeren. Die Spaltung ist so zu denken

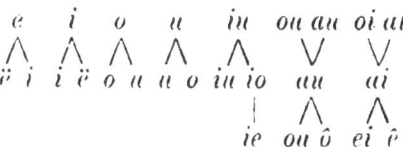

vgl. griech. φέρω, mhd. *bern; du birst;* griech. πυθ-, mhd. *wir buten; bote;* griech. πευθ-, mhd. *biutest* (*bûtest*): *bieten;* griech. αὐγάνω, mhd. *ouchen* (vermehren), lat. *auris, ôre;* griech. οἶδα, αἴθειν, αἰών, mhd. *weiz, eit* (Feuer): *ê-wig.*

Die ersten vier Spaltungen sind älter als die letzten, aber alle erst nach der Berührung mit den Romanen abgeschlossen; denn die entlehnten Worte haben an den Übergängen Teil genommen: vgl. *menta: minze, ceresia kirse, gemma: gimme, bicari-: becher, pipar pfeffer, signum* (segan) *segen, sinap- sönef, coquina küchen, modius mütte, molina mülen, stuppare stopfen.*

Der Vorgang bei diesen Änderungen (von *i* zu *ë*, *u* zu *o*, *iu* zu *io*), die man mit einem (im Gotischen schiefen, im Nordischen und Angelsächsischen aber wohl angebrachten) Terminus als **Brechung** bezeichnet hat, ist abweichend vom Umlaut in einer vorzeitigen Lippenöffnung (Kiefersenkung) begründet: *i* mit *a*-Öffnung der Lippen gibt offenes *e*, *u* im gleichen Falle offenes *o*, *iu* gibt *io*. Auch der umgekehrte Übergang von *ë* zu *i*, von *o* zu *u* kann durch Lippenbewegung geschehen: da folgendes *u* im Ahd. *e* zu *i* wandelt, folgendes *i* aber *o* zu *u*, *u* und *i* aber nur den Kieferwinkel gleich haben, so scheint in beiden Fällen der Kieferwinkel des folgenden Vokales (die Weite der Lippenöffnung, nicht aber ihre Form) vorweggenommen zu sein, *e* mit Kieferwinkel des *u* gab *i*, *o* mit Kieferwinkel des *i* gab *u*. Dagegen ist der Übergang von *bend-* zu *bind*, von *bond* zu *bund*, von *swemm* zu *swimm*, von *swomm* zu *swumm* zweifelhafter Art. Er tritt nur ein, wenn *m* und *n* zur gleichen Silbe wie *e*, *o* gehören; also zwar *geno-men*, aber *nimft*. Es ist mir nicht unwahrscheinlich, dass die Zungenlage von *m* und *n* den *u* und *i* entsprechender ist oder war als den *e* und *o*. Die *iu* vor *k* und *p* Lauten widerstanden der Änderung in *io* in Oberdeutschland länger, doch ist im Mhd. kaum mehr ein altes *iu* vor ursprünglichem *a* erhalten geblieben.

Der Wechsel von *ai* und *ê*, *au* und *ô* findet nicht innerhalb der gleichen Wörter statt: ein Wort, das *ei* (*ou*) im Stamm hat, kann, solange der gleiche Konsonant auf den Diphthongen folgt, diesen nicht durch *ê* (*ô*) ersetzen*).

Die Regel: *ei* wird *ê* im Auslaut ist geschichtlich nicht ganz richtig: nur wo früher *w* folgte, also in *spêʷ*, *snêʷ*, *sêʷ* ist *ê* eingetreten, aber in *schrei* ist es in der Regel geblieben. Auch in dem Wort *ie* liegt altes *ai* vor: *aiw* wurde *êw* (vgl. *êwic*), diess *eo*, *ie*. Es scheint vor *r*, *h*, *w* das *i* von *ei* Senkung zu *e* erlitten zu haben**), *ee* ist dann *ê* (genauer *ē*, zweigipfliges *e*) geworden.

Ähnlich steht es mit *au* und *ô*: *u* ist vor allen Lauten bei denen die Zunge vorgeschoben ist: vor *t*-Lauten, *n*, *r*, *l* (durch Senkung der hinteren Zunge) zu *o* geworden, *ao* (genauer *åo*) zu offenem *ô* (*ō*) zusammengezogen worden; in *-auh* hat *h* seine tiefere Zungenlage (etwa wie in *Docht*) auf *u* übertragen, so dass daraus *åoh* *ōh* wurde. (Neues *h* aus *k* verändert *au* nicht, also *rouh* aus *rauk-*, *ouh* aus *auk*.)

Weitere Beispiele: 1. ahd. *berc gibirgi*, *reht rihtian*, *bittian*, aber *betôn*, *fël fillen* (Haut abziehen), *geban gift* (aus *gebti-*), die 2. und 3. Pers. der starken Verba mit *i* im Stamm, wie *nëmen*, *bërn*.

2. ahd. Part. *giborgan*, *gistolan*, *giflohtan* aber *gisungan*, *gidrungan*, *giswummen*; Plur. Praet. *wir burgum*, *hulfum*, *wurtum*.

---

*) Einen Fall vielleicht ausgenommen, s. ob. d. Umlaut S. 12 unt.
**) Vorliebe für Vokale mit niederer Zungenlage hat *h* und *r* auch in anderen Sprachen und in deutschen Mundarten; vgl. *bauer* aus *baur*, *mier* aus *mir*, *fiech* aus mhd. *fihe*; bei *w* wäre an altnord. *vë* statt *vië* zu erinnern.

wurfum; Subst. wie *warf* (aus *warfi*), *burg* (aus *burgi*). *wolf* aber *wülpin;* *oban* aber *ubari, fora, furi* (für); *solta* aber *sulun* (sollen), *schuld* (aus *skuldi-*), *komen* aber *kunft*, *holt* aber *huldi* (Huld), *dolan* ertragen, aber *dulilian, rot* aber *fullian*.

3. a) *stëc* (ält. *stega*) zu *stïgen, wehsal* (lat. *ric-es*), *lebara, pfeffar, lebên* (aus *lebai-*) zu *lïp, wer* Mann (lat. *vir*).

b) Partic. von *u-*Verben: *giflogan, gisotan, gigozzan; tohtar* (zu ϑυγάτηρ), *frost* (aber *frurum* wir froren), *herizogo* (dux), *bogo* Bogen, *boto* Bote.

c) *riochan* und andere Infinitive und Präsensformen; *tiof* (aus *tiufa*) tief, *diob* Dieb, aber *diubia* Diebstal, *stior* (aus *stiura*) Stier, *stiuria* Steuer, *riot* Ried; aber nicht *riowa triowa* u. s. w. (*iuu* bleibt unverändert; *u* hindert auch hier die Wirkung folgender Vokale).

4. *rê* Leiche (got. *hraiu*), *zêha* Zehe; *êr* ehe (g. *air*), *mêr* (*mais*), *êr* Erz (g. *aiz*), *lêran* lehren (g. *laisjan*).

Die Prät. wie *zôh, gôz, sôt, bôt, firlôs* (got. alle mit *au*), *ôst* (vgl. Austria), *rôr* (g. *rauzô*), *lôr* (lat. *laurus*), *hôrian* hören (got. *hausjan*). *tôt, rôt; lôn* (got. *laun-*), *hôn, hôh* (g. *hauhs*).

e) **Neue Diphthonge**, die an Stelle langer oder kurzer Vokale getreten sind [§ 5, Anm.]:

1. *ie* aus *ê*; das *ê*, das zu Grunde liegt, wohl offen (*æ*) war; entweder a) alt wie in *mêta: miete, hêr: hier* oder b) durch jüngere Zusammenziehung entstanden, so bei den sog. reduplizierenden Verb.: *hez* aus *hêhait, lez* aus *lelait*, darnach auch *hêlt, spêlt, bên, fêl*, endlich war c) das *ê* auch in romanischen Worten gegeben: *speculum spiegel, tegul ziegel, theca zieche, Grëci Krieche, Rëtia Riez*, d) *ie* aus *iw* z. B. *knie* (älter *knio* aus *kniw*).

2. *uo* aus *ô* s. ob. vgl. *schuole* aus lat. *schola, tuom* Dom aus *domus*.

3. mhd. *ei* aus *egi* (ahd. *agi*) auch in *gejeide* Jagd, *treit*, trägt, *Meinhart*, *Reinhart*, *Deinhart*, *Einhart*, *gein* gegen, aus *age* in *kleit* klagt, *hain* = hagen, seltener aus *edi, ade, eti, ate: reit* redet, *beit* badet, *weit* wettete; vgl. *deiz* aus *daz ez*, *dieses ei* ist dem alten nicht ganz gleich gewesen, es bleibt von ihm in einzelnen Mundarten bis heute getrennt, so in Schwaben: *klaid* Kleid: *sôt* sagt: oder *kloid* und *sait*; *e* in *seit* ist also wohl geschlossen, als wirkliches *e*, in *kleit* = Kleid mehr wie ä, a gesprochen worden.

Der Diphthong *ei* entsteht aus *e + i* in Oberdeutschland nur wenn palataler Konsonant (selten wenn dentaler) zwischen den Vokalen, dentaler hinter ihnen steht; so wird *zehire* (mit guttur. h), wehinen, trehine nicht zu *zeire*, *weinen*, *treine*, sondern *zære*, *wænen*, *træne*. Es ist daher auffällig, dass auch *age* > *ei* zu werden scheint. Wahrscheinlich stand an Stelle der *age* vor der Entstehung der neuen Diphthonge durch Übertragung *egi*, also *segit* (vgl. jetzt *secht* z. B. im Fränkischen), *megid* (Gen., Dat. und Plur. zu *magad*); so wohl auch *hegin, hagen* ist oberd. geblieben. Dass solche Übertragung stattfinden kann, zeigt das Bayr.-Österr., wo (in der Inngegend), nicht bloss *soat* = sagt. *gsoat* Gerede gesprochen wird, sondern auch *froat* fragt (mhd. *vrâget* mit *â*).

In Mitteldeutschland ist *g* nach *a* viel allgemeiner beseitigt oder zu *i* geworden; also heute z. B. *woin* = Wagen, *noil* Nagel, *troin* tragen, auch *hain* aus hagen stammt aus Mitteldeutschland.

4. *oi* aus *oge* obd. nur in *voit*, dafür auch *vout faut* (noch heute Familienname neben Voit, wohl besonders in Ost- und Rheinfranken); in Mitteldeutschland auch *loint* aus *logent* läugnet.

5. *uu* aus *aw*, *iu* aus *iw* (*ëw*) nur wenn noch ein *w* folgte; es wurde also a) *aww* zu *auw* zu *ou(w)*, umgelautet *öu(w)*, z. B. *schouwen, houwen, frouwe, ouwe* (Au) *fröuwen, höuwe* (*hawwi* got. *hawi*) Heu, *drouwe* und *dröu* Drohung (aus *drawwi*)*). — [aus *aw* wird *ô(w) frô, drô* Drohung (aus *drawa*), oder *ow drowe*, umgelautet *fröwede* (später *fröude*), *höwete* Heuernte (sp. *höuete* j. Heuet) *strewe* Streu; da im ahd. Formen mit *w* und *ww* nebeneinander her gingen, kommt bei vielen Worten *ou* neben *ô*, *ouw* und *öuw* neben *ow* und *ew* vor; *öuw* und *ew* sind später in *eu* zusammengelaufen], b) *iww* zu *iuw* z. B. *triuwe, niuwe, briuwen* bräuen, *siuwen* nähen [*iw* bleibt oder wird *iew*: *kniewen* knien, *niwen* neun, *diwe* Magd (daneben aus *diww- diu*)].

6. *uo* aus *o* oder *u* ist selten, in heutigen Maa. kommt vor in Franken z B. *sua* aus *sô*, *strua* aus *strô*, *zwua* aus *zwô*; *suin* f. Sohn (vgl. mhd. *suon*) ist an der Rhön üblich, *soun* in Schlesien, am Thüringerwald auch *ou*: *joungk* jung; vergleichbar dem mhd. *suon* sind auch die böhmischen und mitteldeutschen Formen: *moan* Mann, *zoan* Zahn und die fränk., österr. *moũ, zoũ* aus *man, zan*: überall schiebt sich dem *n* ein Vokal vor.

C. Fortentwicklung der Vokale im Neuhochdeutschen.

§ 11. Die Abweichungen der nhd. Vokale.

Die Quantität ist vielfach geändert, indem alle Vokale im Silbenauslaut gedehnt wurden: *gē-ben, nē-hmen, se-hen, fa-hren, Va-ter*; für die Mitte der Silbe lässt sich keine Regel ermitteln: *gibt, nimmt,* mundartl. *sicht* (vgl. Gesicht): aber *fährst* (*Fürst* hat kurzes *ü!*), *liest* (aber List), *mahlt*. Bald hat die eine, bald die andere Stammform den Vorrang behauptet: in der Regel hat eine Form sich in der Quantität um so selbständiger erhalten, je mehr ihr Vokal von dem anderer Formen verschieden war. Seltener ist durch Änderung der Silbentrennung die Quantität der Vokale behauptet worden; so in *genom-men* (aus *geno-men*), *gerit-ten, gelit-ten, Vet-ter, kom-men, gesot-ten*. Eine Regel ist auch hiefür nicht zu finden: mhd. fortis scheint die Kürze zu bevorzugen (wichtigste Ausnahme *Vater*). Selten wird mhd. Länge durch Verlegung der Silbengrenze verkürzt**): so in *Mutter* (*muoter*), *Futter, Jammer, hatte, lassen, müssen*. Diese, wie alle neuhochdeutschen Kürzen, sind aber von den mhd. verschieden. Kurze Silben im Sinne des mhd. haben wir im Wortinnern gar nicht mehr. Das zeigen die nach mhd. Art gebauten Kinderlieder. *Sömmer* in dem Verse

Sie | bringen | uns den | Sömmer

hat ebensogut lange Stammsilbe wie *Rü-ben, verros-tet, trie-ben* in

die | Schlösser | sind ver- | ros- | tet
                 Sauer- | kraut und | Rü- | ben
die | haben | mich ver- | trie- | ben.

---

*) *ou* vor *w* widersteht zumal im Bayr. dem Umlaut gerne: *drohen* ist oberd., *dräuen* mittield.

**) So auch in ober- und md. Mundarten gern vor t, s.

Im Mhd. wäre der Versausgang *su- mer*, *tri- ben* nicht möglich, da *sū*, *trī* wirkliche Kürzen sind; *ros-tet*, *rüe-ben* wären dagegen auch mhd. richtig.

Einsilbige Wörter haben meist die Länge bewahrt; alte Kürze ist vor lenis (media und einfacher Liquida) meist gedehnt: *Tag, Rad, Bad, Lob, nahm, gab, fahl, gebahr, Zahn, Bahn*.

Es ist zweifelhaft, wie weit mehrsilbige Formen (z. B. die Plurale, Genetive) auf die einsilbigen eingewirkt haben. Vor mehrfachen Konsonanten ist meist Kürze geblieben; vor *r*-Verbindungen schwankt die Aussprache: *Pférd* und *Pfērd*, *Schwert* und *Schwērt*.

In den Mundarten ist die Umbildung der Quantitäten oft viel klarer und ausnahmsloser. Z. B. heisst es im Bayr. ebensogut *g'nāma* wie *nēma*, *rōda* (Vetter), wie *vŏda* (Vetter); Stämme mit mehrfachem Konsonantenschluss sind langvokalig in Formen die ahd., mhd. einsilbig (geworden) sind, kurz in ahd., mhd. mehrsilbigen: also *gsūnd* = mhd. *gesunt*, *gsŭnd* = mhd. *gesunde*, *fīsch* pl. *fĭsch*, *fāl* Fall, *rōs* Ross, *hārt* hart, *hŏrti* harte. Auch im Schwäbischen und Ostfränkischen, wie in eigentlich mitteldeutschen Maa. sind die Quantitäten leichter zu beurteilen als in dem so gemischten Hochdeutschen.

Die einzelnen Vokale*).

1. Mhd. î. Der Übergang zu *ei*, dann *ai* ist um 1100 im bajuwarischen Südosten begonnen und von hier nach Norden und Nordwesten vorgedrungen; in Schwaben blieb man bei *ei* (fast = *öi* oder *ǖi*)**) stehen, nur *in, îm* wurden *ain, aim*; die alten Längen blieben (inlautend) in Alemannien und Südschwaben erhalten; die nördliche Grenze der *ei/ai* geht jetzt von Lothringen am Westrand der Pfalz hin über den Vogelsberg, Thüringerwald gegen Weimar, Magdeburg und der niederdeutschen Grenzen entlang ostwärts. (Genau gibt die Grenzen nach den Vorarbeiten zum deutschen Sprachatlas F. Wrede im Anzeiger f. d. deutsche Altertum 18, 409 ff.) Auch die stärkeren Nachsilben machten zuerst den Übergang mit: daher noch die Namen Friedreich, Frühwein, die Formen Hochzeit, jenseits, Erdreich; in den Mundarten *wirta* (aus *wirtain*), *namla* (aus *namleich*); *mädla* (*maidlain*); doch erhielten sich, zumal in Mitteldeutschland und Schwaben auch die *î*, oft verkürzt; daher *Friedrich, lieblich, Gulden*, sogar *Erdrich, jensit, Hochzit, Mädlin*, die Namen *Weckerlin, Oberlin*.

2. Mhd. û zuerst *ou*, dann *au*: die Entwicklung ist nahezu wie bei î; verkürztes *u* in *Gertrud* neben *Gertraud*; *a* in *Nachbar* ist aus *au* (*nachbaur* heute noch z. B. schwäbisch) verkürzt; künstlich erhalten ist *û* in *Bruno* (Braune), *Hugo* (Haug); *Suter* (Sauter), *Gudrun*,

---

*) Es soll hier im Zusammenhang gegeben werden was oben verstreut vorgebracht z. T. nur angedeutet wurde. Die Beispiele aus den Mundarten greifen nur aus der reichen Menge die am meisten charakteristischen und näher liegenden Fälle heraus.

**) Hie und da wird dafür *eu* geschrieben.

die Gudrunhandschrift nennt aber die Heldin *Chaudrun*. Statt *au* ist an der Rhön *ui* aus *û* geworden.

3. Mhd. **û** zuerst etwa *öü*, dann *aü* (geschrieben *äu* oder *eu*), Gang wie bei *î*, *iu*. In den Mundarten ist meist *û* mit altem *î* zusammengefallen, also in Bayern und Franken zu *ai*, in Schwaben zu *ei* geworden, sonst *î*; in einem grossen Teil Alemanniens besteht altes *û* fort.

Eigentümlich ist der neuen Diphthongierung, dass sie so gut wie durchweg nur fallende Diphthonge erzeugte: der Anfang war wohl der, dass innerhalb der Längen *î*, *û*, *ü* eine Verengerung der Lippen sich vollzog, dass um diese Verengerung auch in der schnelleren Rede zur Geltung zu bringen mit einer immer grösseren Lippenöffnung eingesetzt wurde, bis zuletzt die weiteste mit *a-i*, *a-u*, *aü* erreicht war. Die Zwischenstufen lassen sich gut im Schlesischen beobachten (Waniek, Zum Vokalismus der schlesischen Ma.), vor allem aber in Westfalen, etwa östlich von Iserlon bis gegen Kassel, wo sich in der Gegenwart die Diphthongierung vollzieht (Anzeig. f. d. Altert. XVIII, 410), wo neben *i* *ii* *iii* *ei* *äi* *ai* vorkommen.

4. Mhd. **iu** ist im Nhd. durch *äu* und *eu* vertreten; beide werden gleich und zwar gewöhnlich *aü* oder *oi*, seltener *äü* oder *eü* gesprochen. Im Mhd. war *iu* von *û* in Bayern und Schwaben scharf geschieden; in Ostfranken und Alemannien mögen sie schon im 13. Jahrhundert zusammengefallen sein: heutzutage sind sie in den ostfränk. und alem. Mundarten ganz gleich vertreten, dort durch *ai* (*oi*) hier durch *ü* (*i*) und *ei*. Das *iu* in Bayern und Schwaben war wohl schon im 13. Jahrhundert *üi* gesprochen (wie auch oft geschrieben wurde). In Schwaben und auf dem Lande auch in Bayern wird *üi* zu *öi* und *ai* (auch dieses im 13. Jahrhundert häufig), woraus in Bayern noch weiter *oi* (*ich verlois* mhd. *verliuse*). In den Städten, also wohl in den höheren Bevölkerungskreisen, vielleicht auch teilweise auf dem Land wurde *üi* zu *æü* entweder unmittelbar (zu vergleichen dem Wandel von *î* > *ii* > *əi*) oder wahrscheinlicher über *iii*, jedoch erst nachdem das alte *û* zu *əü* und *iii* geworden war, denn dieses behält in der offenen Aussprache des ersten Vokales einen Vorsprung durch das ganze 14. und 15. Jahrhundert hindurch: das ältere *əü* wird *äu* geschrieben (und etwa *áü* gesprochen), das jüngere *eu* (und etwa *öü* gesprochen). Heute ist in der städtischen Sprache und im westlichen Oberbayern altes *eu* und *aü* ganz zusammengefallen (*ai*), also der Vorsprung verloren gegangen; wo aber *ui* oder *oi* sich aus *iii* entwickelte, ist der Unterschied geblieben. Die hochdeutsche Form entstammt der Übereinstimmung der bayerischen Schriftsprache mit der Aussprache Ostfrankens und Mitteldeutschlands (obwohl hier auch *ai*, *ii* und, wo im Mittelalter *u* für *ü* nicht nur geschrieben, sondern auch gesprochen wurde, auch *au* vorkommt). Dass die Schreibung *eu*, die (als *eü* gedacht), nur am Anfang dem Laut entsprach, so rasch sich einbürgerte mag durch das französische Vorbild (*eu* = *eü* *öü*) begünstigt worden sein.

5. Mhd. **öu**, gesprochen *öü*, dafür oft auch *eu* (d. i. *eü*), teils auf altes *ou-i*, teils auf *eui* zurückgehend, wird im Lauf des 13. Jahrhunderts in Bayern durch *äu* (d. i. *áü*) abgelöst und fällt so mit altem *û* zusammen; in Schwaben bleibt es von ihm als *ai* oder *ö* gesondert, in Franken ist es wieder z. T. *ai* (wie altes *ü*), z. T. dem *au* parallel kontrahiert worden (*ä*, *ö*); ähnlich im grössten Teile Mitteldeutschlands. Das Nhd. hat je nach der etymologischen Anlehnung *eu* oder *äu*, beides gesprochen wie der aus *û* und *iu* entstandene Diphthong, also meist *oi*, genauer *oë*. Wo *ou* zu *ô* zusammengezogen wurde, vor allem in alemannischen Gegenden ist *öu* zu *ö* geworden: *böm*, *fröde*.

6. Mhd. **ou** ist *au* geworden und in der Schrift mit altem *û* zusammengefallen, nicht aber in den Maa., vgl. *hûs* > *haus*, *boum* > *bōm*, *bōm*, s. ob. S. 2.

7. Mhd. **ie** ist in Alemannien, Schwaben, an der oberen Tauber und am mittleren Main, im ganzen bayrisch-österreichischen Gebiet und in der Oberpfalz Diphthong geblieben, gewöhnlich *ie*, in der Oberpfalz bis Nürnberg und in einem Streifen von Mainz bis zur Insel Rügen *ei*. Das hochdeutsche *i* für *ie* ging etwa von Obersachsen aus; heute reicht es in den Maa. von Schlesien durch Sachsen, Thüringen, Ostfranken über den Rhein bis zur Eifel; nur bei Würzburg reicht das südliche *iə* in diese Gegenden herein.

In Hessen, preuss. Sachsen und sonst im Norden ist *ie* oft zu *e* (über *ei*) geworden, daher wohl *ē* in Demut (aus *diemuot*)[*]), vgl. den Namen *Detleff* = *Dietleib*. Die Erinnerung an den alten Diphthong lebt in unserer Orthographie in der Schreibung *ie* für langes *i* fort; doch sind nicht alle nhd. *ie* alte Diphthonge, vgl. *geschrieben*, *gemieden*, *nieder* mit mhd. *geschriben*, *gemiten*, *nider*.

8. Mdh. **uo** hat sich ganz in der Art von *ie* entwickelt; wo *ie* noch gilt, ist meist auch *ue* (*ua*) erhalten, nur im Südosten dafür *ui*; wo für *ie ei* gilt, wird *ou*, *au* gesprochen, wo *i* da *u*, wo *e* da auch *o*; der Sieg des *û* ging auch wohl von Obersachsen aus. In unserer Schrift erhält das *u*-Häubchen die Erinnerung daran, dass ein Teil der *u* aus *û*, d. i. *uo* hervorgegangen ist. Dem Niederdeutschen war das mhd. *uo* fast ganz fremd dafür *ō*; aus diesem sind die neuniederd. *ou*, *au* hervorgegangen.

9. Mhd. **üe** ist in Oberdeutschland fast überall mit *ie* zusammengefallen; also *i* (seltener *ü*) geworden oder in der Form *ie*, *ei* Diphthong geblieben; im Norden ist es durch *ö* und *öi* (*ei*, *ai*) vertreten (auch diese gehen nicht auf altes *üe*, sondern auf *ö* zurück); daher hd. *versöhnen*.

10. Mhd. **ei** ist im Nhd. durch *ei* und *ai* (beide gewöhnlich *ai* gesprochen) vertreten und mit altem *î* zusammengefallen; über die Fort-

---

[*]) Unterstützt ist die Wahl des *e* durch die nasalierten Formen des Südens: *deəmuət*.

entwicklung in den Mundarten (*oa, ua : oi, ui : ä, a*) siehe oben. Vom Mittel- oder Niederdeutschen stammen im Hd. *lehnen, Lehm*.

Mhd. *â, ê, î, ô, iu* sind in der Schriftsprache im Ganzen unverändert geblieben, nur:

11. â im Anschluss an die Umgangssprache durch *o* ersetzt z. B. in *Docht, Mohn, Thon, Mond*. In den Maa. sind sie schon in mhd. Zeit vielfach verschieden, so wird heute für *â* fast in ganz Deutschland *o*, im östlichen Schwaben und in der Oberpfalz, auch im östlichen Mitteldeutschland *ou, au*, im Nordwesten auch *oa* gesprochen.

12. Für *ê* gilt *ie* und *i*, besonders im Osten, in Obersachsen, *ei* ist in Schwaben (westl.), in der Oberpfalz, in Niederdeutschland weit verbreitet, *ea* im östlichen Schwaben, in Kärnthen, Oberfranken.

Ob die gebildete Aussprache *é* oder *è* (*ä*) verlangt dürfte noch unentschieden sein; die Mehrzahl wird geschlossenes *e* sprechen.

13. æ ist in Bayern-Österreich, in Teilen Frankens und Alemanniens durch *â* vertreten, in Mitteldeutschland durch *ê*, daher *schwer, leer, angenehm*; in Schwaben, Oberpfalz durch *æi* (wie *â* durch *au*).

14. Mhd. ô = *u, ue*, besonders im Osten bis über Obersachsen, *ou, au, ao* im westlichen Schwaben, in der Oberpfalz, vielfach in Altbayern und Österreich und in weiten Strichen Niederdeutschlands, *oa* im östlichen Schwaben (s. die Mitteilungen F. Wredes über *gross, tot* im Anz. f. d. A. XIX, S. 347 ff.).

15. Mhd. iu ist fast ganz mit *ê* zusammengefallen, also auch *i, ie, ei, ea* geworden.

Die kurzen Vokale sind vielfach durch md. Formen ersetzt; ihre Entwicklung ist in den Maa. folgende:

16. a meist getrübt; in offener Silbe und vor Nasalen bis *u* (*un* in Tirol, im Vogtland); im Osten dafür gerne *oa*; helles *a* vor allem in Schwaben.

17. e: ausser den Schwankungen zwischen *ö, é, è* ist der häufige Übergang in *ei* (Österreich, Steiermark, Unterfranken) *ie, i* (*wirmer* Bayern, Vorarlberg) zu erwähnen.

18. ie über die Vertretung durch helles *â* (bay.-öst., verstreut alem., ostfr., braunschw.) s. oben.

19. ë: ausser dem Übergang in *é* (mundartl. in Mitteldeutschland) und *ö* (öst.-bayr. s. oben), der zu *â* (alem., ostfränk., mitteld., niederd.), zu *ea* (schwäb.).

20. i: ausser dem Übergang in *ü* zu beachten die Vertretung durch *e* (bis *ä*) im westl. Mitteldeutschland: *brengen* u. s. w., durch *u* im Alemannischen.

21. o in offener Silbe vielfach zu *u* (*husn*: Ostfranken und östlich) auch in geschlossener Silbe, zu *oa, ua* (Oberpfalz und östl., Hessen, vor *r* im Bayr.), zu *ou, au* (Österr., Franken), zu *eo* in Oberösterreich.

22. ö meist mit *e* zusammengefallen, daher auch *ei, ie, ia*.

23. u durch o vertreten in Mitteldeutschland*) und vor Nasalen im Schwäbischen, durch ou (Schlesien). ua (Oberpfalz).

24. ü meist = i (s. oben) durch ö ersetzt im westl. Mitteldeutschland (s. b. o) und im Schwäbischen.

Aus **Mitteldeutschland** stammen also bei den kurzen Vokalen die neuen Formen:

mit e *brennen, rennen* (die oberd. in anderer Bedeutung schon vorhanden waren),
mit o *Sohn, Sonne, Sonntag, sonst, fromm, golden.* Prät. wie *roch, flog*; Part. wie *gewonnen, geronnen,*
mit ö *mögen, möglich, König, Mönch, gönnen, können.* Konj., Prät. wie *schwömme, gewönne.*

Es ist freilich sehr auffällig, dass die Maa. die zur Bildung des nhd. Schriftsprache am meisten beigetragen haben, die oberdeutschen und die mitteldeutschen in Obersachsen, Nordböhmen, Schlesien die o und ö fast nicht kennen, ja umgekehrt u für o bevorzugen. Die Maa. im nördl. Ungarn und Siebenbürgen haben dagegen o und ö als Regel gerade vor Nasalen. Sie haben es von den aus den Rheingegenden (etwa zwischen Koblenz und Köln) stammenden Kolonisten; noch heute ist gerade für Rheinfranken bis Holland hinab das o/ö eigentümlich. So wird man schliessen müssen, dass die rheinfränkischen Elemente in Nordböhmen (Kanzlei der Luxemburger) und Obersachsen**), auch Schlesien im 14. und 15. Jahrhundert noch mehr hervortraten als später, und dass i h n e n die o, ö in *Sohn, Sonne, König* entstammen. Schon früher hat das 'Vlaemen' für fein gegolten, so ist es erklärlich, wenn die Schriftsprache die rheinischen Formen nicht ablehnte. Bei dem fortschreitenden Einigungsprozess gingen in der Volksmundart der genannten Gegenden die rheinischen Eigentümlichkeiten unter. — Über die rheinischen o beim Verbum s. unten bei der Konjugation.

[§ 6, Anm. 2.] Die Änderungen im Vokalismus sind nicht alle geradlinige Fortentwicklungen. Vielmehr sind die neuen Formen oft durch Übertragung aus verwandten Bildungen gewonnen oder durch die Grammatiken und Rechtschreiblehren verbreitet. Letzteres gilt z. B. von den neuen ä für altes e in *Äste, trägst*, s. § 9, ebd. über *Löffel, zwölf*.

Übertragungen geschahen z. B.:
vom Präsens auf das Präteritum: statt *ich hörte* nun *ich hörte* wegen *ich höre*.
  Vereinsamte Formen bewahren das Alte, so *erlaucht* mhd. *erlüht* = erleuchtet;
vom Singular auf den Plural: *wir halfen, sprangen, taugen*, s. § 60. in der Mundart *wir froisen = wir frieren* (österr.-bayr. u. sonst);
vom Plural auf den Singular: *ich wurde, schnitt, flog* (mitteld.). *goss* (md.). *tat, ich gebe, friere, gönne* (md.);
von einem Verb auf das andere: *wir wollen* nach *wir sollen* u. s. w.

---

*) Wo e für i eintrat, vom Rhein bis gegen Erfurt und in den östl. vom Mittelrhein her kolonisierten Ländern.
**) Der Meissner Heinrich von Krolewitz verwendet schon um 1250 das rheinische *echt* aus *ehacht* (obd. *ehaft*) ächt.

Endlich sind einzelne Mundartformen gegen die allgemeine Entwicklung in die Schriftsprache aufgenommen, es sei an Fälle wie *Demut* statt *Diemut* hingewiesen, welche Form einzelnen westmitteldeutschen Maa. dann aber allen oberdeutschen, die nasaliertes *ie* durch *eɔ* ersetzen, angehört, an *Kissen* für *Küssen*, *Mieder* für mhd. *müeder*.

II. Konsonanten.

§ 12. Schreibung und Aussprache. [§ 7.]

Die Handschriften kennen die streng geregelte Schreibung der modernen Ausgaben nicht. Insbesondere wechseln im Süden oft *b* und *p*, *k* und *ch*, *f* und *v*; schon im 13. Jahrhundert beginnen auch *s* und *z* durcheinander zu geraten; im Anfang ist *h* für *ch*, später *ch* für *h* häufig; *ȥ* und *z* sind nur kalligraphisch unterschieden, erst die Grammatiker und Lexikographen unseres Jahrhunderts haben ihnen verschiedenen Wert beigelegt; *v* kann auch *u*, *u* auch *v* bedeuten. Der Unterschied zwischen media und tenuis gilt wohl in ganz Oberdeutschland nur in Bezug auf den Stärkegrad, nicht in Ansehung des Stimmgehaltes. Man unterscheidet deshalb besser fortes und lenes.

fortes: *t p k f h ch ȥ sch* und alle Doppelkonsonanten,
lenes: *d b g v* und einfache *m n, r, l, s*.

Von diesen überlieferten Unterschieden geraten in Oberdeutschland ein Teil in Unordnung; zumal im Anlaut: *b* und *p* (letzteres ächt nur in Fremdwörtern) werden im Anlaut verwechselt, d. h. gleich gesprochen. In Bayern hatte man eine besondere Vorliebe für den Gebrauch von *p* (*Prünhilde*, *pin*, *perc*)*); *d* und *t* werden länger auseinandergehalten, doch schwankt die Schreibung bei einigen Worten, so bei *tütsch*; *g* und *k* sind im Ganzen streng geschieden; eine Ausnahme bilden die Eigennamen wie *Kriemhild*, *Kudrûn* und romanische Lehnworte wie *gollier*.

Die fortis *f* hat ihren Platz (in deutschen Worten) eigentlich nur im Innern der Worte und im Auslaut, wird aber gerne auch im Anlaut geschrieben, besonders vor *u*, da *vu* (oder gar *vv*) auch *wu, w* oder *uv* gelesen werden konnte.

Das Zeichen *b* bedeutet in Franken und Bayern nicht bloss den Verschlusslaut (wie in *bin*), sondern auch den Reibelaut *w* (oberdeutsch, wie in *wer*); zunächst nur im Inlaut (wie mhd. *leben* gew. *lewen* gesprochen); dann auch im Anlaut, vor allem in bayrischen Hss. die eben deshalb für den wirklichen *b*-Laut *p* setzen (*bas* = was, *pald* = bald); daher schon im 14. Jahrhundert Schreibungen wie *erwen* für *erben* und *gagenburt* für *Gegenwart* in der gleichen Handschrift.

Auch *g* hat doppelte Bedeutung. In Bayern und Schwaben (ausser in der Nachsilbe *-ig-*) scheint es durchaus Verschlusslaut (wie

---

*) Im 15. Jahrhundert zeigen sich jedoch Spuren, dass man *p* auch als *p—h* sprach, vgl. die Schreibung *pelterlein* = B'hälterlein, Nürnberg 1487.

in nhd. *ganz*) gewesen zu sein; in Franken Reibelaut (z, 'weiches' *ch*, Lenis zu *ch*) nach Vokalen, weiter in Mitteldeutschland auch im Anlaut. Von *k* unterschied es sich im Gebiet des Verschlusslautes durch schwächeren Luftdruck und das Fehlen eines nachstossenden *h*; denn *k* ist — wie auch zuweilen geschrieben ist — *kh* ja auch wohl *kch* gesprochen worden*), wohl auch vor *r*, *n*, wo es heute im bayrisch-schwäbischen Flachland den Hauch verloren hat (*kreis = greis!*).

Die Dentale *d* und *t* sind zunächst durch den Stärkegrad unterschieden, doch ist vielleicht zwischen Vokalen *d* (wie *b* und *g*), in manchen Gegenden Spirant gewesen (= engl. *th*); darauf hin weist der häufige Ausfall (im Bayrischen z. B. *re'n*, *na'l*, in Mittel- und Niederdeutschland z. B. *möje = müde*), der Übergang in *r* (in der Rheinpfalz, Hessen, Mecklenburg u. sonst), die weiche spirantische Aussprache im bayr. Landdialekt Vater = *vōda*. Die Aussprache des *t* als *t + h* lässt sich für die mhd. Zeit kaum nachweisen.

Bei *f* und *v* beruht der Unterschied wieder nur in der Stärke des Luftdruckes, *f* ist stärker ("härter") als *v*.

Das *h* mag auch im Silbenanlaut hörbarer gewesen sein als unser *h* (*sehen* ist z. B. heute oberd. *secha*, *sechng*), zu wirklichem *ch* verdichtet nach Vokalen derselben Silbe: vor *s* und *t* noch *h* geschrieben (*ohse*, *siht*), im Auslaut schon bald *ch*: *ich sach = sah*, *hôher* aber *hôch* (ahd. *ich sah*, *hôh*). Umgekehrt ist *ch* in unbetonter Silbe zu *h* geworden: *solicher* zu *sölher*, *welicher* zu *welher*.

Das einfache *s* ist vor Vokalen lenis, vielleicht noch stimmhaft = franz. *z*, vom z unterscheidet es sich durch die Artikulationsstelle: wahrscheinlich war z gelispeltes *s* (bei dem die Zunge an den Spitzen der oberen Schneidezähne anliegt).

Die Laute *ch*, *sch* sind immer fortes, da sie immer gedehnt sind oder waren, wie auch die z und *f*, die nach langen Vokalen für zz, ff eingetreten sind, fortes blieben.

Das eigentliche z ist Doppellaut = *t + z*. Wo das z der Hss. als *tz*, wo als z zu lesen ist, kann dem Anfänger meist das Nhd. sagen. Allgemeine Regel ist: z im Anlaut ist immer *tz*, im Inlaut bieten auch die Hss. oft *tz*. Im Alemannischen waren die *tz* häufiger als sonst im Oberdeutschen (so noch jetzt *hirz*, *bitzli* u. a.).

Die Doppelkonsonanten haben im Mhd. eine andere Bedeutung als im Nhd., sie sind nicht bloss Zeichen für die Kürze des vorausgehenden Vokales, sondern werden wirklich lang gesprochen; es wird also z. B. *ll* in *fal-len* wie in nhd. *hell-licht* und deutlich unterschieden von *l* in *fāle* (fahle), *zälen*. Man beachte diese Aussprache besonders beim Lesen mhdeutscher Verse. Nach dem oben Gesagten ist also auch *brech-chen*, *fisch-sche* zu lesen.

---

*) Deshalb schon im Anfang des 14. Jahrhundert Schreibungen wie *korsam = g'horsam*, während romanisches *c* als *g* galt: *guster*, *gardinal*.

Die Länge von *ch* und *sch* beruht nicht etwa darauf, dass diese noch zusammengesetzte Laute wären, sondern darauf, dass sie lang sind, also für *chch*, *schsch* stehen und aus den zusammengesetzten Lauten *kch*, *sk* durch Assimilation entstanden. Nach langen Vokalen mögen sie oft verkürzt worden sein (sicher nicht immer nach Diphthongen); doch blieben sie noch lange Zeit fortes (erst junge Formen z. B. bayr. *bau* = Bauch beweist die Schwächung zur lenis).

Auch die *z* und *f* (entstanden aus *tz*, *pf*) waren ursprünglich alle lang (verdoppelt) und sind es nach kurzen Vokalen auch geblieben (*hazzen*, *offen*); nach langen sind sie in der Schrift vereinfacht, in der Aussprache vielleicht doch nicht ganz verkürzt worden (vgl. nhd. *lassen*, *Waffe* = mhd. *lâzen*, *wâfen*).

Die Buchstaben *b* und *d* erscheinen kaum je verdoppelt dafür *pp*, *tt*; dagegen ist *gg* nicht selten, es bezeichnet die hauchlose Fortis *kk*, während *kk* die Bedeutung *kkh* hat. Doppeltes *r* ist unerhört. Doppeltes *zz* ist eine beliebte aber ungehörige Schreibung, wenn die Dehnung ausgedrückt werden sollte, musste *tz* geschrieben werden (*zz* ist *tztz*).

§ 13. Allgemeine Regeln über den Konsonantenwechsel.

1. Die lenes werden im Auslaut (wo Pause folgt, vor Konsonanten) fortes: *ge-ben*: *gip*, *snî-den*, *sneit*; auch *m*, *n*, *l*, *r*, *s* werden als fortis gesprochen worden sein, wenn sie in den Exspirationsdruck des vorausgehenden Vokales fielen, also in *nim*, *man*, *tal*, *bar*, *lis*, natürlich auch wenn noch ein Konsonant in der Silbe folgte *hant*, *wirst* u. s. w.

2. Doppelkonsonanten werden im Auslaut vereinfacht, d. h. sie werden nicht auf zwei Silben verteilt (weil es nicht möglich ist); also *ral-les* aber *ral*, *rosses* aber *ros*. Doch ist wohl der einfach geschriebene Konsonant nicht nur fortis geblieben, sondern auch länger als blosse fortis. Denn der Silbenauslaut bedingt nicht Schwächung, sondern Verstärkung; daher auch *ch* für *h*.

3. *ch-* im Silbenanlaut wird *kh*: weitere Beispiele *ferkel* zu *farch*, *dürkel* zu *durch*, vgl. die verbreitete Aussprache: *Orkester*, *Arkiv*, *Khemie*. Der Hergang wiederholt sich bei den anderen Spiranten (*f*, *s*) nicht; er hängt wohl damit zusammen, dass für *ch* die letzte im hintersten Teil des Rachens angesammelte Luft verbraucht wird, wodurch erneutes Atemholen erforderlich wird, unwillkürlich scheint zur Ersparung der Luft der *ch*-Spalt zu vollem *k*-Verschluss verengert worden zu sein.

§ 14. Die Lautverschiebung.

Die indogermanischen Verschlusslaute haben zum Germanischen und Deutschen herab durch einen manichfachen heute noch nicht abgeschlossenen Prozess regelmässige Veränderung erfahren. Jene idg. Konsonanten waren 1. mediae (weiche Verschlusslaute mit Stimmton, wie norddeutsches *b, d, g*; nicht wie die süddeutschen, die nur lenes ohne Stimmton sind), 2. tenues (harte Verschlusslaute, wie französ. *c, t, p*, ohne Stimmton; unsere hochd. *t, p, k* sind vor Vokalen mit Hauch versehen *Post* eigtl. = *p-host*, *Turm* = *t-hurm*, *Kind* = *khind*, sind also wirkliche aspiratae), 3. mediae aspiratae *d-h, b-h, g-h* und (selten) tenues aspiratae (*p-h, kh, th* wie die neuhochd.). Von Spiranten (einfachen Reibelauten) kannte die Urzeit wohl nur *s*.

Die Verschiebung geschah entweder:
1. durch Verstärkung (oft verbunden mit Verlust des Stimmtones*):
   a) die mediae werden tenues: $b > p$,
   b) die tenues werden verlängert, indem das Ausströmen der Luft nach der Explosion noch hinzugenommen wird: $t + h$ (aspirat) oder in dem die Explosion selbst verlangsamt wird dadurch, dass sie nur durch eine schmale Öffnung geschieht: $p + f$ (affricatae),
   c) neu entstandene Spiranten (s. 2a) werden durch energischen Verschluss zu Verschlusslauten $w > b$, $d > d$; oder
2. durch Schwächung:
   a) die Verschlusslaute werden durch Lockerung des Verschlusses Reibelaute (spirantes): $p > f$, $k > ch$ (χ); bes. vor Reibelauten selbst ($pf > ff$, $k\chi > ch$. h, $bh > v$),
   b) die Fortes (zumal die spirantischen, f, χ, β) werden lenes, unter Annahme eines Stimmtones, oder ohne solchen: $\chi > \mathfrak{z}$, $f > \beta$**), $p > d$.

Diese verschiedenen Änderungen vollzogen sich mit grösster Regelmässigkeit in der Richtung:
$$d - t - p - d - d - t.$$
Doch ist zu bemerken:
1. In manchen Verbindungen liegt ein Hindernis für die Verschiebung: *st, sk, sp* blieben unverschoben, ebenso später *ft, χt, tr, tl*, vgl. *spuen* lat. *spuo*, *scheiden* zu *scindo*, *stân* zu *stare*; *triu* engl. *truth* (während sonst engl. *t* = hochd. *z* ist).
2. Nicht für alle Reihen liegen die Veränderungen gleich nahe; Veränderungen der beweglichen Vorderzunge sind am leichtesten durchzuführen, solche mit der Hinterzunge am schwersten, daher die *k*-Laute weniger gründlich verschoben sind als die *t*-Laute; der Abstand des deutschen *f* von *b* ist grösser als der des alten germanischen *f* von *b*, daher ein Übergang dort unterblieb, wo er hier stattgefunden hatte. Der Reibelaut zu *t* ist nicht bloss *þ*, sondern auch *s*, dessen Fortbildung zum Verschlusslaut nirgends eintrat, so dass also eine Parallele zu $t - þ - d$ bei $t - s$ nicht besteht.
3. In keiner germanischen Sprache sind für alle Zwischenstufen Zeichen zur Verfügung, so dass immer ein Zeichen für zwei oder drei

---

*) **Starker Luftverbrauch** bedingt Öffnung der Stimmritze also Aufhören jener Schwingungen, die den Stimmton erzeugen.
**) β für spirantisches b = oberd. w.

Stufen verwendet wird. Wie im Nhd. *g* und *b* für Verschluss- und Reibelaut, *k* für Verschlusslaut und Aspirata gebraucht werden, so in alter Zeit fast überall das Zeichen der media für die stimmhafte spirans und oft die stimmlose lenis (*d* für *đ* und *ð*); das der tenuis für stimmlose lenis (ahd. *perc* nicht etwa = *p-herk-h*), die stimmlose Spirans auch für die stimmhafte oder die fortis für die lenis (*f* für *v*).

Die Verschiebung kam in den nordischen und niederdeutschen Sprachen bald zu einem gewissen Stillstand; in den ober- und mitteldeutschen Maa. aber viel später, ja überhaupt noch nicht ganz. Am weitesten voran sind die Bayern und Alemannen geschritten und die Bewohner Ostfrankens, die nördlicheren Gebiete sind — je weiter nördlich desto mehr — dem niederd. Stand nahe geblieben:

vgl. hochd. *pfeffer*, md. *peffer*, nd. *peper*.

Die hochd. Lautverschiebung hat einen Teil der früheren germanischen Verschiebungen wiederholt.

Die regelmässige Verschiebung ist

	idg.	griech.	germ. (got.)	ahd. (oberd.*)	mhd.
1.	*dh*	ϑ	*đ, d*	*t*	*t*
	bh	φ	*β, b*	*b, ƀ* (geschr. *p*)	*b, p*
	gh	χ	ʒ, *g*	*g,* g (geschr. *k*)	*g*
2.	idg. *th, ph, kh* zusammengefallen mit				
3.	*t*	τ	þ	*d, ð*	*d*
	p	π	*f*	*v, ʋ* (auch geschr. *f*)	*v, f*
	k	x	*h*	*h,* ch	*h*
4.	*d*	δ	*t*	*tz, ʒʒ*	*tz, ʒʒ, ʒ*
	b	β	*p*	*pf, ff*	*pf, ff, f*
	g	γ	*k*	*kh, kch, hh* (d. i. *chch*)	*k, ch*

In der 4. Gruppe gelten die ersten Formen für den Anlaut (*z, pf, kh*), die zweiten für den Inlaut (*ʒʒ, ff, hh*); doch ist z. B. *haʒ-ʒen* auf älteres *ha-tzen* zurückzuführen. Die Verschiebungskonsonanten sind hier sämtlich lang gewesen, nach langen Vokalen aber schon frühe verkürzt worden; s. ob.

Beispiele (ahd.):
1. θύρα: *tor, turi*; τί-θημι *tât*, ἐρυθρός *rôt*
φράτωρ: *bruoder*, ζῆγος *buocha*, φέρω *beru*
χήν: *gans*, veho *bewëgan*, hostis *gast*, λέγος *ligan*.
2. φράζω *fruot*, ἐλεύθερος *liederlich*, habeo *habēm*.
3. τρεῖς *dri*, tu *du*, tenuis *dunni*, torreo *durri*,
πατήρ *fater*, pecu *fihu*, πούς, ποδ- *fuoʒ*
ἑ-κατόν *hund-ert*, καρδία *herza*, socer *swëher*, aqua *aha*.
4. δύο *zwên*, δέμω domus *zimbran*, ὀξύς *zeswa*
bucinare *pfûchen*, κύπος *hufi*
γένος *kunni*, γεύ(σ)ω *kiosan*, ἀγρός *ackar*.

---

*) Man beachte das oben über die Geltung der Zeichen Bemerkte; in dieser Reihe bezeichnen deutsche Buchstaben die stimmlosen lenes der oberd. Aussprache. Da alle alten *p* verschoben wurden, war *p* überflüssig geworden.

Ausnahmen von der Lautverschiebung. [§ 8.]

Zu verschiedenen Zeiten ist die Verschiebung durch besondere Umstände bald befördert, beschleunigt, bald gehemmt worden. 1. Lange, ehe allgemein spirant. fort. zu len. wurden ($f > \beta$) geschah dies, wenn sie in schwächst betonter Silbe stunden, zumal vor dem Haupttton. Es fällt diese Veränderung in die Zeit, wo noch ein Accent im Germ. bestand wie der des Griechischen und Sanskrit: der Nachdruck der betonten Silbe gewann dadurch, dass man an den anderen (bes. den vorausgehenden), wo möglich durch Verengerung der Stimmritze und Hemmung des Luftstromes sparte. **Verner's Gesetz** (nach dem dänischen Sprachforscher Verner):

bhrátor wurde bröþar ahd. bruoder
patér   „   faðár   „   vater
dékᵐ-   „   téhun   „   zehan
dek-em̃- „   teʒun- „   zig (vior zig u. s. w.)
swékuros „   swehuraz swehur
swekrós „   sweʒraz swâgur

so erscheinen also in urspr. unbetonter Silbe
aus idg. k ʒ—g für h
„ „ p β—b „ f
„ „ t ð—t „ þ—d
„ „ s ʒ—r „ s

alte Tenues sind so mit den alten weichen Aspiraten (t mit dh) zusammengefallen, altes s (aber erst spät) mit altem r.

2. Wo weicher Spirant ($ð$, z, $ʒ$, v) durch Assimilation eines folgenden Konsonanten verstärkt, gedehnt wurde, verlor er den Stimmton und wurde Verschlusslaut (wohl fortis), fiel mit den alten mediae ganz oder nahezu zusammen: es wurde also

$dd > dd > tt$ ahd. tz s. No. 3 (einfaches $d > t$)
$ʒʒ > gg > kk$ ahd. kk mhd. kk (aber $ʒ > g$)
$\beta\beta > bb > pp$ ahd. pf (aber $\beta > b$)

Beispiele [§ 8]: einfacher Laut *gesniten* gedehnter *snitzen*
schieben   „   schupfen
kriechen   „   krucken,

da die weichen Spiranten nach Verners Gesetz auch aus tenues hervorgegangen sein können, so kann also nicht nur

idg. *dh* zu ahd. *t*, in unserem Fall aber zu *tz* werden, sondern auch idg. *t* gewöhnlich zu *d*, nach Verner *t*, in unserem Fall *tz*. Es entspricht also nach bestimmten Regeln

indg. *t*, bald *d*, bald *t*, bald *tz*,
„ *k*,   „ *h*,   „ *g*,   „ *ck*,
„ *p*,   „ *f*,   „ *b*,   „ *pf*,
„ *dh*   „ *t*,   „ *tz*.
„ *gh*, „ *g*,   „ *ck*.
„ *bh*, „ *b*,   „ *pf*.

3. Doppelte (lange) tenues (*tt*) werden nur zu Affrikaten (*tz*), nicht zu Spiranten (ƺ) verschoben. In der westgermanischen Entwicklungsstufe sind neue Konsonantendehnungen (Verdopplungen) entstanden dadurch, dass *j* alle, *r*, *l*, *w* einen Teil der Konsonanten über die Silbengrenze herüberzogen: *lûtra*- wurde nicht getrennt *lût-ra*, sondern *lût-tra*, *satjan* nicht *sat-jan*, sondern *sat-tian*. Die gedehnten Tenues werden nur in ihrer zweiten Hälfte verschoben, also *sat-tian* > *set-zen*, *skup-pan* > *stup-fen*, *ap-pl* > *apfol*, *wak-kian* > *wek-chen*; vor *r* erhält sich (wie im Wort-Anlaut) auch der zweite: *wint-tr* > *wintar*, *bit-tr* > *bittar*, *lût-tr* > *lûtar*, aber *cup-pro* > *kupfer*, *wak-kr* > *wak-char*. So erklären sich aus der Dehnung der alten Tenuis *sitzen*, *Weizen*, *schwitzen*, *Witz*, *Hitze*, *rupfen*, *Knopf*, *stecken*, *Ricke*, *Beck*, *decken* gegenüber *sass*, *weiss*, *Schweiss*, *wissen*, *heiss*, *raufen*, *Knauf*, *stechen*, *Reh*, mundartl. *bachen*, *Dach*, *dahte* u. s. w.

4. Wo in urgermanischer Zeit *t* einem anderen Verschlusslaut folgte, wurde dieser zur Spirans: *gt*, *kt* also > *ht*, *bt*, *pt* > *ft*, *dt*, *tt* > *st* oder *ss*; diese Verbindungen sind weiterer Verschiebung entzogen. So erklären sich:

ht neben -g- *maht*, *mohte*, *brâhte*, *gehuht* (Gedanke, neb. *gehügede*),
„ -k- *dâhte*, *dûhte*, *worhte*,
„ -ch- *suht*,
ft „ *b* *gift*, *wift* (Faden),
ss(s) „ ȥ (niederd. *ss* neben *t*): *wisse*, *gewisse*, *muose*, *gemüese* (zu *meȥ*), *güsse* (zu *gieȥen*) *âs* (*eȥȥen*),
„ *t* *reise* (zu *rîten*),
„ *d* *miss* (zu *mîden*),
st „ *d* *last*, *bast*.

In jüngerer Zeit, also z. B. im Mhd. sind neu aneinander gerückte *pt*, *kt*, *tt* geblieben *lopte*, *sacte*, *rette* (*redete*).

§ 15. Mittelhochdeutsche Änderungen einzelner Konsonanten. [§ 8. 3, 4.]

Lange nicht alle Änderungen haben in der Schrift Ausdruck gefunden; vor allem die Artikulationsänderungen beim Zusammenstoss verschiedener Laute sind oft übersehen, aber doch im Ganzen noch besser bezeichnet als im Nhd. Die mhd. Veränderungen lassen sich einteilen, wie folgt:

a) Assimilationen der Stärke: lenis vor und nach fortis wird fortis: *lob-te* > *lopte*, *sag-te* > *sacte*, *gemechide* > *gemehte*, *gescheffide* > *geschefte*; fortis nach lenis (*l*, *m*, *n*, *r*?) wird oft lenis, s. [§ 8. 4.]

b) Assimilationen der Artikulation:
t-Laut neben *p*-Laut: *antbâre* > *ambâre*, *einber* > *eimber*, *Ruotpreht*, *Dietpreht*, *Lintpold* zu *Rupprecht* u. s. w.,
t-Laut neben *k*-Laut: *Lintgart* > *Lingart*,
k-Laut neben *p*-Laut: *hôhfart* > *hoffart*, *Meh(t)frit* > *Meffrit*, *Sigfrit* > *Sifrit*; ähnlich *kirwihe*, *kirmel* von *kirch*- s. unt. e.

Sonstiges: Nach Nasalen wird oft verwandte Lenis (bei *n d*, bei *m b*, bei *ñ g*) im späteren Mhd. im Inlaut assimiliert (d. h. der Luftstrom ist bis zur Aufhebung des Verschlusses durch die Nase geleitet); zuerst und am allgemeinsten in *-ng* (d. i. *ñ + g*) *lañge* > *lañne*, dann in *mb: eimber lamber* > *eimer lemmer*, seltener *nd: kinder* > *kinner*.

c) Ausfall von Konsonanten. Er trat ein, wenn die Artikulation flüchtiger wurde zu gunsten anderer Wortteile; eine Zeit lang ist gewöhnlich ein dem Untergang verfallener Laut noch gesprochen worden ohne hörbar zu werden (wie z. B. in nhd. *und mich* das *d*); die für das Ohr fühlbare Lücke wurde von den nachkommenden Generationen durch die benachbarten Laute ausgefüllt, in den meisten Fällen war die Lücke kaum wahrnehmbar.

1. Vereinfachung (Kürzung) von Doppelkonsonanten: schon in älterer Zeit schliesst langvokalige Silbe gerne mit Vokal: *lâȝ-ȝen* wurde *lâ-ȝen*, von *weiȝ* Plur. *wiȝȝen*, aber von *muoȝ müeȝen* (mit einem ȝ), *fallen* Prät. *fie-len*, *spannen spienen*, *geseȝȝen sâȝen*, *meȝȝen mâȝe*.

Die Vereinfachung vor Konsonanten vergleicht sich der im Auslaut (s. ob.), Beispiele: *gewisheit* (aber *gewisse*), *helwec* zu *helle*; in *kentnisse* (zu *kennen*), *zalte* (zu *zellen*), *brante* u. ä. stand dagegen von Alters her nur ein *l*, *n*.

Auch nach Konsonanten ist Doppelkonsonanz der mhd. Aussprache zuwider: *urstendede* wird nicht *urstend-de* sondern *ursten-de**), ebenso *kundede kunde*, *fastete faste*.

2. Ausfall zwischen Vokalen ist häufig bei *j* und *w*: neben *blüejen*, *sâjen*, *eijer* auch *blüen*, *sâen*, *eier*; neben *sêwe*, *blâwer*, *frouwe* auch *sêe*, *blâer*, *froue*; aus *iewiht* wird *ieht*, aus *niewiht nieht*, aus *ne-wâre* jedoch *neuer* (nur), aus *sêwen seuen* und *seon*.

Sehr verbreitet ist ferner der Ausfall des *g* vor dem naheverwandten *i*: *getreyide*, *gejeyide*, *geseyide*, *gegin* werden *getreide* u. s. w., *ligit lît*, *bigihte bîhte*. Über den Ausfall vor *e*, s. ob. S. 19, No. 3.

Häufig fällt das geräuschlose *h* nach *a*: *mahel* > *mâl*, *slahen* > *slân*, *stahel* > *stâl*, *tahen* > *tân* (Thon), *mâhen* > *mân* (Mohn), *truhen* > *trân* (Thräne); dagegen ist der Ausfall des *b* nur bei den häufigen Verben *geben* und *haben* allgemein: *gîst*, *gît*, *hân*, *hâst*, *hâte* (so auch meist in den oberd. Mundarten: *du geist*, fränk. *gist*, darnach auch *bleist*, aber nur *schreibst*; schwäb. auch *gea* = *geben*, aber *leaba leben*).

Vereinzelt und wohl nur durch Analogie zu erklären ist der Ausfall des *ȝ* in *lâȝen*, *du lâst*, *er lât*, *lân*, Prät. *lie*, des *d* in *chît*. So auch in den Maa. schwäb. *lauⁿ*, *i lô*, *er laut*; *chît* in *gotwolkeit*.

---

*) oder vielmehr *urstend-de* und *ursten-de* sind ganz gleich, das *n* enthält schon den *d*-Verschluss.

Unbetonte Worte verlieren ihre Konsonanten wohl meist auf andere Weise: *zer* aus *zeder* ist nicht mit *chit* aus *chidet* zu vergleichen. S. u. 4.). Dagegen scheint in *deist, deich, eist* aus *dazist, dazich, ezist* wirklich z zwischen Vokalen ausgefallen zu sein.

Viel häufiger sind die Mittelkonsonanten im Mitteld. und Ostfränk. ausgefallen; so *g* vor *e*: *hagen* > *hain* und *hân, wagen* zu *wain* und *wân, tragen* zu *train* und *trân*. So auch in den md. Maa. der Gegenwart. Ebenso *h* zwischen hellen Vokalen: *sîst, sît, geschît; sên, geschêhn zêre* (aus *zeher* Zähre), *trêne* (aus *trehene*) *bîl* (aus *bîhel* Beil) (gegen oberd. sichst, sicht, g'schicht, sechn, zecher, beichel u. s. w.).

3. **Abfall im Auslaut.** *w* war schon ahd. zu *o* geworden, wird aber im späteren mhd. aus dem Inlaut oft wieder hergestellt: *falw, gelw*: sogar an unrechter Stelle: md. (z. B. erzgeb.) *ew* = ehe.

r kann schon im Ahd. nach langem Vokal fehlen, daher auch noch mhd. (und z. T. nhd.) *hie* und *hier, dâ* und *dâr, wâ* und *wâr* (nhd. *worüber, worin*); *mê* und *mêr, ê* (dazu *êr-st*); auch in unbetonter Silbe in *abe(r)*, aber vielleicht nur nach Analogie von *oder -ode, inner-inne* und andern alten Doppelbildungen.

h kam wohl nur durch Analogie in den Auslaut (für *ch*) und schwand dann in der Aussprache: *nâ* neben *nâch, gâ* neb. *gâch* (jäh); später md. ganz allgemein (obwohl die Schrift das *h* festgehalten hat: ich sa(h), rau(h) (aber *Rauchwerk*), *flôh, zæh*).

n ist noch gut erhalten; in md. Denkmälern wird nur der Infinitiv sehr häufig mit *-e* statt *-en* angetroffen: *lese, gebe*, doch liegt hier wohl eine besondere Bildung vor, die schon im Ahd. nachweisbar ist und noch heute von Ostfranken aus weit nach Norden geht: *les, geb*.

4. **Abfall vor und nach Konsonanten**; gewöhnlich geht Assimilation vorher; so z. B. in *sime* aus *simme, sin(e)me, eime* < *einme*, in *zer, zeme* aus *zedr, zedme*, *'s, 'n* aus *ds du*, so auch in *eimer* aus *eimber*, in *Bamberg* aus *Babm-, Babenberg, Liupohl* neben *Liuppold* (aus *Liutp.*), *propank* (Brotbank).

Dem Vokal assimiliert ist z. B. *g* in *Sifrid* (jetzt *Seifert*) aus *Sigfrid*, ähnlich *lît* = *liget, hât* = *habet* u. a. S. ob.

In unbetonter Silbe fällt *n* vor Explosiven gerne aus, zumal wenn *n* die Silbe beginnt: *künine, pfennine* werden fast allgemein *künec, pfennec*. vereinzelter sind *-nic* für *-ning* (so heute noch allem. *hofnig*) *-ned* für *-nend* (in Particip.), darnach auch *-ed* überhaupt: *spiled, lached*.

Nach *l, r* fällt *h* in der Umgangssprache (zumal md.) gerne ab: *weler* = *welher, befelen* aus *befelhen, bar* = *barh* (Schwein, heute noch im Namen *Barschneider*).

5. **Zwischen Konsonanten.** Zwischen Konsonanten mit stärkerer Artikulation wird eine leichtere Artikulation oft ganz unterdrückt, so *amb(e)ht* > *ambt, ambtman* > *amman, lustsam* > *lussam, empfâhen* für *ent-fâhen, empfelhen* für *entfelhen*.

Im unsicheren Gefühl hat man auch dort, wo nicht verkürzte Formen vorlagen, solche gesucht und *nachtbauer* für *nachbûr* geschrieben, *handburg* für Hamburg, *abtgot*.

d) **An- und Einfügung von Konsonanten.** Stossen verschiedene Konsonanten aneinander, so kann ausser ihnen auch noch die Veränderung der Zungen- oder Lippenstellung oder ein anderes Verstellungsgeräusch hörbar werden. Erst wenn diese unwillkürlichen Laute von einem Schreiber oder von dem sprechenlernenden Nachwuchs als wesentlich und beabsichtigt aufgefasst werden, erlangen sie die Geltung von "eingeschobenen" Lauten; so z. B. in *orden-t-lich, eines-t-mâls, allenthalben, ellenhaft, mindst*.

In *anderthalb* ist die Einwirkung von *dritthalb, vierthalb* Ursache des Einschubes. Auch der blosse Abschluss eines Konsonanten*) kann als besonderer Laut gefasst werden. So wurde im Anfang des 15. Jahrhunderts in Nürnberg das Endgeräusch von Spiranten jeglicher Art als *z*-artiger Laut aufgefasst, also z. B. *knopfz* geschrieben; viel häufiger glaubte man *t* zu hören, besonders nach *s*, auch nach *f*: *sus* (sonst) wurde deshalb als *sust* nachgesprochen und geschrieben, *eines* als *einest*, ebenso *niemand, iergend*, auch *wegent**), und *huf* > *huft* (Hüfte, schwäb. richtiger *hüfe*), so ist auch die Endsilbe *-schaf* durch *schaft* (das daneben bestund) ganz verdrängt worden.

e) **Sonstiges.** Die Verbindung *-ch-* in *sælec-heit* u. aa. Worten wird *kh*, geschrieben *k*: *sælekeit*, woraus die Nachsilbe *-keit* abgeleitet ist.

§ 16. Ältere Verluste und Wechsel.

Bei deutschen Etymologien ist zu beachten, dass auch das mhd. schon verstümmelte Formen überliefert erhalten hat. So sind ein Teil der mit *w, l, r* anlautenden Stämme älter mit *hw-, hl-, hr* zu suchen: *losen*, hören *hlosen* ($\varkappa\lambda\dot{\nu}\omega$), *Ruodolf* aus *Hruodolf* (vgl. *Hrôtswîtha*), *wîz* aus *hwît; Ludwig* aus *Chlodwig; l-, r-* können auch auf *wl, wr-* zurückgehen: *rëchen* zu nhd. *wrak, rîzen* (dazu Reissbret u. a.) engl. *write, ringen* zu nd. *wringen* (Wringmaschine).

Auslautendes *s* lenis ist abgefallen, daher von den vielen Endungs-*s* (vgl. griech. $\varepsilon\varsigma, \iota\varsigma, \nu\varsigma, o\varsigma, \alpha\varsigma$ u. s. w.) fast keines im Deutschen auftritt; vgl. *wolf*: $\lambda\acute{\nu}\varkappa o\varsigma$; im Inlaut ist es *r* geworden: *ôre* got. *auzô, neren* ält. *narian* (zu *genesen*), *wären, frurn, gefrorn* (zu *frost*), *kelber* (aus *kalbiru*, vgl. lat. *genera*, griech. $\gamma\varepsilon\nu\varepsilon\sigma\alpha$).

---

*) Aber doch wahrscheinlich nur vor anderen Konsonanten, ob diese nun dem gleichen oder dem folgenden Worte angehörten; so dass also z. B. *nieman* nur vor Konsonanten, wie etwa in *nieman mac* zu *niemand* wurde, sonst aber lautgesetzlich blieb.

**) Umgekehrt mögen echte aber schwach hörbare *t* als Schmarotzerlaute angesehen und deshalb schriftlich und mündlich ausgelassen worden sein, so erklären sich Formen wie *angeslich, geislich, wilprete*.

Nach Konsonanten ist ferner *w* meist verloren: *sehen* aus *sehwan:
lîhen* leihen (lat. *linquo*); in der Verbindung *gw* ist dagegen *g* verloren (wie in lat. venio aus gvenio), daher *gesewen* (geschen) und *sûne* Gesicht.

Vor *h* ist *n* ausgefallen, daher *brâhte, dâhte, dûhte* zu *bringen, denken, dunken*.

Für *hw* ist — unklar unter welchen Voraussetzungen — öfter *f* geworden: *forhe* (Föhre) = lat. quercus, *vier*- = lat. quatuor.

Für *dl* (þl) steht *fl:* so in *fliehen, flehen, flach*, im Inlaut dafür *hl* in *mahal* Mahl.

§ 17. Die mhd. Konsonanten in der nhd. Schriftsprache.

Der Unterschied von *s* und *ȥ* ging seit dem 14. Jahrhundert allmählich ganz verloren; *ȥ* fiel zunächst mit *s* fortis (*ss*) zusammen und da in einem grossen Teile Oberdeutschlands nur noch stimmloses *s* gesprochen wurde mit *s* überhaupt. Die Unterscheidung von ſſ und ß im Nhd. geht von Niederdeutschland und einem Teile Mitteldeutschlands aus, s. unt. — Unsere Schreibung *sz* (ß) hängt mit der älteren Schreibweise zusammen. Um die beiden z-Laute zu scheiden schrieb man für *z* gerne *cz* (angeblich nach slawischem Vorbilde!?), für *ȥ* aber *sz*.

Die Aussprache der *sl, sw, sn, sp, st* im Anlaut als *schl-* u. s. w. geht noch in die mhd. Zeit zurück. Dass *sp* und *st* nicht auch in der Schrift zu *schp, scht* wurden, hängt damit zusammen, dass im Inlaut sehr oft reine *sp st* vorkommen, dass man auch aus dem Lateinischen an die Schreibung *sp, st* gewöhnt war (nicht an *sl, sw, sn!*) und dass hier wirklich *sch* weniger breit lautet als vor *n, w, l*. Die dialektfreie Aussprache erfordert aber heutzutage die Aussprache *schp, scht; st, sp* sind jetzt mundartlich!

Der Übergang von *tw, dw* in *zw* ist den meisten oberd. Maa. eigen, in anderen ist *qu* Regel, daher z. B. fränk. (Unterfr.) auch *Quergel* = Zwerg, der Name *Quehl* (Wäscher), *Quetsche, quer*.

Vereinzelt sind folgende Abweichungen:

Mhd. *d* nhd. *t*. Die mhd. nicht seltenen Erweichungen *solde, under* u. a. sind meist im Nhd. aufgegeben, doch z. B. *Mulde, Geduld, Geld, mild, Schild;* das mhd. nur im Auslaut gestattete *t* für *d* ist fest geworden in *Wert* und *Wört;* im mhd. haben *d:* Ton, Tölpel, Thüringen, tosen, Trumm, traben. —

Mhd. *t*, nhd. *d*: regelm. *t* hat mhd. *tütsch, tampf, türen, tich, tüht, trache, tuom* (Dom), *totzen* (Dutzend), *tinte* u. a. S. v. Bahder, Grundl. 239 ff.

Mhd. *b* nhd. *p*: schon im Mhd. ist eine Vorliebe für *p* im Anlaut in Bayern, aber auch nordwärts bis tief ins Mitteldeutsche zu beobachten. Nur das Niederdeutsche scheidet *p* und *b* scharf. Nach langem Schwanken hat sich unsere Schreib- (und darnach Sprech-)weise herausgebildet, viel öfter zu gunsten des *p* als umgekehrt. Nach der natürlichen Entwicklung könnte kein oberdeutsches Wort mit *p* beginnen, da die alten *p* zu *pf-* wurden, die alten *b-* aber alle zur stimmlosen Lenis wurden, die wir *b* schreiben. So in mhd. Handschriften *brangen, braht, blenkeln, brügel* u. s. w. S. v. Bahder, Grundl. 224 ff., Deutsch. Wörterb., I. Vorw. zu B.

Mhd. *g* nhd. *k*. Die beiden Laute sind in Oberdeutschland durchaus vor Vokalen geschieden; weniger in Mitteldeutschland (Obersachsen). Hierher stammen die wenigen Verwechslungen: *Sarg* mhd. *sarc* umgekehrt *Kukuk* mhd. mit *g*, ebenso *Kibitz, kichern*. Die mhd. *gg* sind, da hochd. *gg* und *ck* gleich gesprochen zu werden pflegen (als hauchlose Fortis), fast alle beseitigt (*mügge, glogge* u. a.).

Das Dehnungs-*h* ist dem Mhd. nicht ganz fremd, häufiger erst in der Übergangszeit. Es steht vor langen Vokalen*) nicht bloss wenn *t* die Silbe beginnt, sondern auch z. B. in *khum = kaum, rhumen*. Die Vorliebe für *th* hängt mit dem Vorkommen der Verbindung im Lateinisch-Griechischen zusammen. Der ganz willkürliche Wechsel in der Längebezeichnung (Verdopplung, *h*, *ie*) war zu Luthers Zeit im Ganzen schon fest geworden.

Die nhd. Schreibweise ist vielmehr Wortschrift als die mhd., eine Normalform bleibt für ein Wort fest, so lange es nur einigermassen angeht; daher der Auslaut in der Schrift keine Änderungen erleidet: *Fall, Berg,* obwohl er in der lebendigen Rede oft ebenso stark vom Inlaut abweicht als im Mhd. (*val: vallen, berc: berge*). Über die neuen Doppelkonsonanten s. ob. Sie sind für unser Gefühl nur noch Kürzezeichen.

§ 18. Die hochdeutsche Aussprache der Konsonanten.

Über *st, sp* s. ob. Im übrigen weichen die Vorschriften nord- und süddeutscher Sprachlehren stark von einander ab. In Süddeutschland kennt man für die Verschluss- und Reibelaute nur stimmlose Aussprache, scheidet *b* und *p*, *d, t, g* und *k* im besten Falle durch geringeren oder grösseren Druck, meist nur durch einen Hauch hinter *p, k, t*. Bei *s, f* ist (wie bei *ch*) meist nur nach kurzem Vokal eine kleine Verstärkung bemerkbar. In Schwaben und im Alemannischen, in Österreich scheiden auch Gebildete oft noch altes *f*, *z* als fortes von altem *v* und *s*, meist ist aber ein Unterschied von *f* und *v*, von *s* und *s* ("scharfem *s*") dem gebildeten Oberdeutschen unfassbar und die Unterscheidung von *reisen* und *reiszen* nur auf dem Papier vorhanden. Wirklich stimmhaftes *s* scheint im Wortanlaut sich jetzt im Süden (in Franken, in Wien) einbürgern zu wollen; dadurch, dass es zur Entwicklung des Stimmtones langgezogen wird, erscheint es affektiert.

---

*) "nach ihm (dem u) ein h oder auch vor im, nachdem es aller bequaemlichest stech" (Kolross, Enchiridion).

Nach norddeutscher Regel wären zu sprechen:

Alle *b*, *d* vor Vokal und die anlautenden *g* als stimmhafte Verschlusslaute, die inlautenden *g* als stimmhafter Reibelaut.

b, *d*, *g* im Auslaut, vor stimmlosen Lauten stimmlos, *b*, *d* als Verschlusslaute (*p*, *t*), *g* als Reibelaut.

s stimmhaft im Anlaut und zwischen stimmhaften Lauten, sonst stimmlos (immer stimmlos *sz*, *ss*).

p, *t*, *k* sind als *p*h, *t*h, *k*h zu sprechen.

III. Accent.

§ 19. Der alte Accent — annähernd gleich dem griechischen und dem der indischen Vedas — ist schon im Ahd. längst beseitigt. Spuren desselben sind 1. der quantitative Ablaut: *wizzen* war auf der Endung, *weiz* auf dem Stamm betont, ebenso verhalten sich *warf*, *geworfen* zu *werfen*, *fluht* zu *fliehen*, 2. der Konsonantenwechsel (s. ob. S. 31) *ziehen* hatte Stammbetonung, *gezogen* Endungsbetonung; *zehen* den Accent von δέκα, *-zig* den von δεκάς.

Durch die germanische Accentverschiebung rückte der Ton auf die Stammsilbe; die übrigen Silben erhielten eine Betonung die sich nach bestimmten Regeln abstufte. Spuren dieser Abstufung: zweisilbige Wörter mit langer Stammsilbe haben ganz tonlose Endung: *flôdu-* wurde ahd. *fluot*, *gasti-*, *gast*, in dreisilbigen ist bald die letzte, bald die vorletzte mit stärkerem Nebenton versehen gewesen: *hôrta* hörte geht auf *haúzidà* zurück, *ziarida zierde* auf *téridā*, *kelbir* Kälber auf *kálbirō*. Im Ahd. haben die erhaltenen Nebensilben gleichfalls verschiedene Tonstärke; Spuren im Mhd.: *zála* Zahl wird *zal*, *zálà* Qual wird *zâle*, *ziarida* hat die Betonung *zíaridà* angenommen, daher mhd. *zierde*, dagegen hatte *gâbôno* den Nebenton auf der vorletzten Silbe, daher mhd. *gâben*.

Der Abfall von Vokalen machte sich in alter Zeit an den erhaltenen Silben bemerkbar: was an Zeit gewonnen war, wurde wenigstens teilweise dem Stamm zugelegt, so dass also ahd. *fluot* länger war als gotisch *flōd-(us)*: die Stammsilben erhielten zweigipfligen Accent, Circumflex, der bis heute in Mundarten sich spiegelt (*kein* oberpfälz. *koa*, *keine* = *kuin*, so auch *gesúnd* neben *gesúnder*, *físch* neben *físche*). Bei kurzem Vokal fiel die zweite Hebung auf den Konsonanten.

Was den Nebenton anlangt, so verlor sich im Mhd. zum Teil die alte Überlieferung und wurde derselbe dann durch den Satzrythmus geregelt. Dieser lässt in der Regel die Endungen zweisilbiger Worte ohne Ton, wenn die Stammsilbe kurz ist: *sägen*, *sehen* (sehr früh *sagn*, *sehn* geschrieben), bei langer Stammsilbe kann die Endsilbe einen starken Nebenton erhalten, Regel war es wohl bei besonders nachdrücklicher Betonung der Stammsilbe (vielleicht auch nach Circumflex), also *kéine* aber *kéinè*. Wenigstens kennt die heutige Aussprache, zumal in der Mundart in diesem Falle einen Nebenton. Dass er nicht Regel war, zeigen Verkürzungen wie *Haupt, Dienst, Angst, Amt* aus *houbet, dienest, angest, ambet,* auch *tütisch* ist schon sehr früh *tütsch* geworden. Immerhin dürfte der Nachdruck hinter langer Silbe stärker gewesen sein, als nach kurzer, da die Endungen viel früher und allgemeiner nach Kürzen unterdrückt werden als nach Längen; so häufig *sägn* ist, so selten *vrâgn*.

In drei- und mehrsilbigen Worten war eine der Nebensilben den übrigen an Nachdruck überlegen; vor allem trifft solche ein starker Nebenaccent, die einen Teil des Begriffes tragen, so in Zusammensetzungen die zweite Stammsilbe: *tougenlich, sünewenden* dann auch schwerere Ableitungssilben wie *sal, ære, ing, lîn, inne* daher aus *trüebesal, betelære jüngeline: Trübsal, Bettler, Jüngling.* Bei anderen Silben hat der Satzrythmus entschieden, ob sie einen Nebenton bekamen; so wird in Prosa so gut wie in der Dichtung nach kurzer Stammsilbe die übernächste, nach langer die nächste Silbe den Nebenton erhalten haben, also *vrâgète* aber *sagete, rîtènde* aber *sehendè*; so ist wohl auch *silbern, eisern, kupfern* aus der Betonung *silbèrîn, îsèrîn, kupfèrîn* zu erklären; *ledern* wäre den übrigen (langsilbigen) Stoffadjektiven nachgefolgt (doch auch älter *lidrein*, sogar *îsrîn*). Auch die Formen *nahen, hoffen, festen* (aus *nâhenen, hoffenen* neben *hoffen, festenen*), denen gegenüber alle kurzsilbigen *n* behalten zu haben scheinen (*lusnen, segnen*) sprechen vielleicht noch dafür, ebenso die Form *obrist* (aus *oberèst*), *adler* (aus *adelar*), *sense* (aus *segense*), die sich der Ausgleichung entzogen haben. Im übrigen ist die Wirkung der mhd. Betonungsweise dadurch verwischt, dass im Nhd. alle Stammsilben lang geworden und alle Wortgruppen in Übereinstimmung gebracht sind (*betteln = drechseln**). *Bettler = Drechsler, edelst = dunkelst*). Bei ruhiger Sprechweise wird auch in der mhd. Zeit sich die Neigung zu regelmässiger Abwechslung von stärkeren und schwächeren Accenten allmählich (wie in der Dichtung so auch in der Prosa) geltend gemacht haben. Im Neuhochdeutschen ist dieser Neigung in weitem Umfang nachgegeben: Rythmen wie z. B. von *'únverschämterè, beschéidené* dürfen als Lieblingsformen bezeichnet werden; daher gegen die logische Ordnung: *reichsunmittelbáre, Nebenumstände, Unterabteilung*, sogar *lebéndigè***). Die Gewöhnung an diesen Rythmus hat auch zur Folge gehabt, dass Endsilben an Gewicht verlieren, wenn eine weitere Silbe antritt; *-ig* in *mässig* ist stärker betont als in *mässigè*. Folgt jedoch auf ein Wort wie *mässige* eine stark betonte Silbe wie z. B. in *mässige Menschen* dann macht sich die alte Rythmisierung geltend: $\stackrel{\angle}{} × × × ×$ ebenso wenn auf die Folge $\stackrel{\angle}{} ×$ die $× \stackrel{\angle}{}$ stösst: *mässig erzogen*, d. h. stehen zwischen zwei stärkeren Accenten nur zwei unbetonte Silben, dann ist die erste davon mit dem Nebenton versehen und die unmittelbar vorhergehende Tonsilbe wird verstärkt; oft wohl wird ihr Akut zum Circumflex (vgl. griech. ἄνθρωπός

---

*) doch noch bis ins 19. Jahrhundert *sammlen* u. a., Dornblüth will vor 100 Jahren überhaupt nur die Ausgänge auf *-len* gestatten.
**) aber *lébendig* ist *lemdig* (nur in Mundarten erhalten) geworden.

τις ἦν mit γλῶττά τε ἦν; weder χώρά τις ἦν, noch χώρα τίς ἦν ist zulässig; die Betonung χώρα τις ἦν entspricht deutschem *mässiger Mann* ohne hervortretenden Nebenton, wie bei schneller Rede auch gesprochen werden kann).

B. Beugungslehre.

1. Deklination.

I. Starke Substantive im Mhd.

§ 20. Einteilung. [§ 11.]

Die starke Deklination ist die der vokalisch ausgehenden Stämme, lat. 1. 2. 4. 5. Dekl. und ein Teil der 3. (z. B. *sitis*). Der auslautende Vokal ist vielfach mit der Endung zu einer Länge verschmolzen, daher besser bewahrt als die kurzen selbständig gebliebenen Endungsvokale der schwachen, konsonantisch ausgehenden Stämme. Die vokalischen Ausgänge, die bis ins Gotische oder Althochdeutsche hinein erhalten geblieben sind, waren 1. a = gr. o, lat. u (masc., neutr.), 2. i gr. $ι$, lat. i (masc., fem., neutr.), 3. u gr. v, lat. u (masc., fem., neutr.), 4. $ō$ griech. $ᾱ$, lat. a (fem.). Beisp.: 1. *wolf*, got. *wulf-s* (auf Runeninschr. *wulfaz*) dat. pl. got. *wulfa-m*, gr. λύκο-ς, λύκο-ις, 2. *gast* got. *gast's* (Run. *gastiz*), dat. pl. *gasti-m*, lat. *hosti-s*, *hosti-bus*, 3. *fihu* Vieh, lat. *pecu*, 4. *ahwa* Wasser (ält. *ahwō*), lat. *aqua*.

Schon im Got. und Althochd. sind die alten Deklinationen zerrüttet und vermengt. Im Ahd. macht sich eine Unterabteilung von 1 und 4 besonders bemerkbar, die Deklination der *ia*- und *iō*-Stämme (lat. *vitium*, *sapientia*): das i wirkt Umlaut*) und bleibt oft, wenn die Endung mit dem alten Stammauslaut fällt, als vokalischer Auslaut übrig; also: *dagaz* wird *tac* Tag, *hirdiaz* wird *hirti* Hirte, wie *sapientia* gebildet erscheint ahd. *grōzi* Grösse.

Weniger heben sich die Stämme auf *wa*- und *wō* ab: *skadwaz* wird *skato*, *skatwōz skatwa*.

Bei der Vergleichung mit den gotischen und lateinischen Formen fällt auf, dass im Deutschen so wenige s der Endungen erhalten sind: wo s nach dem Vernerschen Gesetz (s. ob. § 14) erweicht war, musste es im Auslaut fallen, im Inlaut zu r werden.

---

*) und dehnt — als j gesprochen — vorausgehenden Konsonanten: Stamm *batia*, *natia*, *sibia*, *gawia* ahd. *betti*, *netzi*, *sippia*, *gouwi* Bett, Netz, Sippe, Gau.

§ 21. Starke Maskulina. [§ 12.]

1. *tac, engel*.

Sing.

N.	Urd. *dagaz*	Got. *dags**)	Ahd. *tac* = Mhd. *tac*	(lat. -*us*, gr. -*os*, -san-kr. -*as*)
G.	*dagesa*	*dagis*	*tages*	(san-kr. -*asja*)
D.	*dagai*	(*daga*)	*tage*	(lat. -*o*? gr. -*ot*, san-kr. *ē*)
A.	*dagam*	*dag*	*tac*	(lat. *um*, gr. *ov*, san-kr. *am*)

Plur.

N.	*dagōz*	*dagōs*	*tagâ tage*	(san-kr. *ās*)
G.	*dagōm*	(*dagê*)	*tago tage*	(lt. -*um*, gr. -*ov*, skr. (*ān*)*ām*)
D.	*dagume*	(*dagam*)	*tagum tagen*	(slaw. *omū*)
A.	(*daganz*)	(*dagans*)	*tagâ tage*	(mit dem Nom. zusammengefallen).

Darnach mhd. noch *hof, koch, wolf, boum, troum, geist, got, lip* (pl. *libe*), *hals, arm, kouf, rât, stap, dorn, künec, mânet* u. a., freilich vereinzelt und später immer häufiger nehmen auch mhd. diese Worte schon die Deklination 2 an (*höfe*).

An der Deklination von *engel* nehmen Teil 1. die mehrsilbigen auf *r, l, n, m* wie *finger, meister, acker, slüzzel, snabel, vogel, esel, winkel, buosem, radem, morgen, degen, wagen;* doch findet sich *e* nach *m* und *n* oft erhalten, in Ostfranken und besonders in Mitteldeutschland auch nach *r, l;* lange Stammsilbe begünstigt den Abfall, kurze steht ihm entgegen (*vogele* wegen der Betonung *vógele, engel* wegen der Betonung *éngèle*). Ein Teil der umlautsfähigen Substantive dieser Klasse ist schon mhd. in die 2. Kl. übergegangen (*wagen: wegen, nagel: negel*).

Umgekehrt enthält die Klasse *engel* auch schon Substantive anderer Klassen, so *kerker, meister, salter* (Psalter), *spicher* (ahd. nach *hirte: salteri*); *vater, bruoder* bildeten eine besondere Klasse, s. unt.

2. Einsilbige Kurz-stämme auf *l, r* wie *sper* Speer (auch neutr.) *sal* Saal.

Die Akkusative auf -en [Anm. 3] sind bei Substantiven die keinen Artikel vor sich haben (also vor allem bei Eigennamen) üblich; das -*en* entstammt wohl dem Pronomen (*jenen, disen, welchen*). Neuhochd. vergleicht sich das aus der Mundart stammende *Vatern, Brudern*. Seltener wird auch *e* als Akkusativendg. gebraucht: *Hartmuote*.

1a) *hirte*.

Sing.

N.	Urdeutsch *hirdiaz*	Got. *hërdis*	Ahd. *hirti*	Mhd. *hirte*
G.	*hirdiesa*	*hërdis*	*hirties*	*hirtes*
D.	*hirdiai*	*hërdja*	*hirtie*	*hirte*
A.	*hirdiam*	*hërdi*	*hirti*	*hirte*

---

*) Die gotischen Formen in ( ) entsprechen den deutschen nicht ganz oder nicht sicher. Im Dat. Pl. hiess die End. älter wohl -*miz*.

		Plur.			
N.		hirdiōz	hërdjôs	hirtâ	hirte
G.		hirdiōm	(hërdjê)	hirtio	hirte
D.		hirdiume	(hërdjam)	hirtim	hirten
A.		(hirdianz)	(hërdjans)	hirt'â	hirte

Die alten Formen mit -*i*- vor den Endungen erklären den Stammvokal von *rucke* Rücken (nicht *rocke*), *hirse* Hirse (nicht *herse*), den Umlaut: fränk. *rücke*, *ende* Ende, *käse* und der zahlreichen Wörter auf *ǽre* ahd. -*âri*- (lat. -*ārius*): *lügenǽre*, *schüelǽre*, *schepfǽre*, *sölǽre* (Söller); nach *hirte* auch *weize* Weizen.

Die Klasse ist im Mhd. nicht mehr zahlreich; verliert der Ausgang das *e*, so fallen die Formen mit denen der Deklination *engel* zusammen, so bei den Wörtern, die -*ǽre* durch -*ër* (ahd. *ĕri*) ersetzen: *alter* (Altar), *kerker*, *snider*, *meister*, s. ob. 1.

Dagegen hat unsere *hirte*-Deklination etwas gewonnen durch die Aufnahme von *i*-Subst. wie *wine* Freund, *rise* Riese (s. unt.), von *u*-Subst. wie *site* Sitte, *fride* Frieden, oft geht auch *schate* (nach 1b) nach *hirte*.

1b) *sê* (*wa*-Stamm) See.

Urd. *saiwaz*   Got. *saiws*   Ahd. *sêo*
Gen. *saiwesa*   *saiwis*   *sêwes* u. s. w.

Das *w* zwischen Vokalen kann schon früh ausfallen, kommt aber noch bis Ende der mhd. Zeit vor (*sewen* als Ortsnamen, daraus *Soien*). Nach *sê* ausser *snê* noch *lê* Hügel, *bû* Bau, *rê* Leichnam; *skate*, gen. *skatewes* Schatten, ahd. *skato*, *skatwes*, mit *o* aus *w*; in *har* gen. *harwes* Flachs ist *e* wegen des *r* (s. ob. d. *engel*-Klasse) abgefallen.

2. *balc* (*i*-Klasse).

Sing.

N. Urd. *balgiz*   Got. *balgs*   Ahd. *balg*   Mhd. = *tac*
G.
D.   Nach der *a*-Deklination geb.: *balges* / *balge*
A. *balgim*   *balg*   *balg*

Plur.

N.	balgīz	balgīs	belgi	belge
G.	(balgiōm)	(balgē)	belgio	belge
D.	balgime	balgim	belgim	belgen
A.	dem Nominativ gleich gem.:		belgi	belge

Umlaut ist eingetreten, wo das Althochd. *i* bewahrt hat, d. i. im Plural. Bei wenigen (kurzvokaligen) Worten hatte das Ahd. auch im Sing. noch *i*: *wini* Freund, *risi* Riese, *kumi* Ankunft: sie sehen im Mhd. ganz aus wie die *hirte*-Klasse und werden deshalb zu ihr gerechnet.

Nach *balc* gehen z. B. *âl*, *bach*, *ast*, *frost*, *fuoz*, *korb*, *môr*, *munt*, *zand* Zahn, *lahs*, *kruoc*, *luft*, *pfluoc*, *slac*, *sun*, *liut* Volk, pl. *liute* Leute, ferner oft *walt*, *gedanc*, *hof*; die mehrsilbigen: *trahen*

Thräne, pl. *trehene, wagen, wegene*, und mit Abfall des *e* (wie bei *engel*), *zaher* Zähne, pl. *zeher, mantel, nagel, satel, apfel, acker*.

Ein Teil der *i*-Substantive gehörten früher einer anderen Klasse an, so *sun, fuoʒ* der ausgestorbenen *u*-Klasse (got. *sunus, fôtus*), *wagen, nagel* der *a*-Klasse. Manche wechseln im Mhd. noch hin und her. Im Ganzen nimmt die *i*-Klasse wegen der deutlichen Absonderung des Plurals vom Singular immer zu, noch in mhd. Zeit *höfe* u. s. w.

Anm. Bei Kompositis wirkt der Umlaut als Pluralzeichen sogar oft doppelt: *marderbalc*, pl. *märderbelge*.

§ 22. Starke Feminina. [§ 13.]

1. *êre, zal*.

Sing.

	Urd.	Got.	Ahd.	Mhd.	
N.	*aizō*	*aiza*	*êra*	*êre*	*zal*
G.	*aizōz*	*aizôs*	*êra*	*êre*	„
D.	*aizō*	(*aizai*)	*êru*	*êre*	„
A.	*aizōm*	*aiza*	*êra*	*êre*	„

Plur.

N.	*aizōz*	*aizôs*	*êrâ*	*êre*	*zal*
G.	*aizōnom*	(*aizô*)	*êrôno*	*êren* ⎫ *zaln*
D.	*aizōme*	*aizōm*	*êrom*	*êren* ⎭
A.	= Nominativ			*êre*	*zal*.

Im ahd. ist der Singular schon fast ohne Flexionsunterschiede, der Plural aber noch gut ausgestattet.

Nach *êre* gehen z. B. *asche, bâre, bete* (Bitte), *bredige, fâre* (Gefahr), *fîre* (Feier), *forhte, froüde* und andere Bildungen auf *-de, fuore, gimme, helfe, klage, krône, mannnge* und andere Fem. auf *-unge, miete, rede, stiure, wîle, sorge* u. s. w.

Nach *zal*: *fackel, schar, nar* (Nahrung), *nahtigal, kamer, regel*; ferner Femin. auf *-en* wie *küchen* (ahd. *kuchina*), *keten, versen* (Ferse); diese werden dadurch, dass *-nen* zu *nn* zu *n* wird, ganz endungslos.

Zu den alten *ō*-Stämmen kommen solche aus anderen Deklinationen, so *iō*-Stämme wie: *sünde* (ahd. *sundia*), *ünde* Welle, *wünne* Wonne, *brucke* (fränk. *brücke*), *sippe* (got. *sibja*), die Wörter auf *-inne* *küneginne, wirtinne*, (ahd. *-inna* und *-in*, got. *-inja*); nach *zal* *tür* Thüre, ferner eine Klasse von Abstrakten, die im Ahd. den Ausgang *în* oder *î* hatte (lat. auf *-ia* und *-iō*), an den nur im Gen. Pl. *nô*, im Dat. Pl. *m* antrat, wie *græʒe, kleine, reine, hæhe, hulde* (seltener *hülde*, s. ob. § 9), *toufe* (*töufe*), nach *zal*: *wer* (ahd. *werî*) Wehr, *bitter* (ahd. *bittirî*) Bitterkeit, *gir* Gier. Selten ist die Form auf *-en* (*in*) bewahrt, vgl. bayr. *di Grössn*.

Eine besondere Unterabteilung ist die mit Verlust des *-e* im Singular (nicht wie bei *zal* des *e* überhaupt); hierher gehören besonders die

Subst. auf *in künegin, wirtin* (später *wirtein*, j. *wirta*), ferner in festen Wendungen *wis* = *wise* (ahd. *in thesa wîsûn* und *wîs*), *sît* (*jensît* acc. = nach jener Seite), *stunt* (-mal *anderstunt* zum zweiten mal, ahd. *andera stunt*), *wil* Weile (*die wîl*, vgl. nhd. alldieweil).

Hierher gehören auch die *wō*-Stämme, die neben den längeren Formen wie *brâwe, klâwe, varwe, diuwe* (Dienerin), *drouwe, wêwe* (Wehe), *êwe* (Ehe), *triuwe* (Treue), auch kurze *brâ, klâ, var, diu, drô, wê, ê* haben, statt *-en* die Endung *n* allein.

2. *kraft, zît.*

Sing.

	Urd.	Got.	Ahd.	Mhd.
N.	*kraftiz*	*krafts*	*kraft*	*kraft*
G.	*kraftīz*	(*kraftais*)	*krefti*	*krefte*
D.	*krafti*	(*kraftai*)	*krefti*	*krefte*
A.	*kraftim*	*kraft*	*kraft*	*kraft*

Plur.

	Urd.	Got.	Ahd.	Mhd.
N. A.	*kraftīz*	*kraftīs*	*krefti*	*krefte*
G.	*kraftiōm*	(*kraftē*)	*krefteo*	*krefte*
D.	*kraftime*	*kraftim*	*kreftim*	*kreften*

Ausser dem Umlaut ist für unsere Klasse der Gen. Pl. ohne *n* eigentümlich.

Beispiele: *anst* (Gunst), *arbeit, bluot* (Blüte), *brust, burg, tât, vart, fluht, gift, huf* (Hüfte), *jugent* (g. *jugende*), *tugend, list, not, stat, schult, suht, werlt, zuht.*

Lautgesetzlich ihr *e* eingebüsst haben *tür* (ahd. *turi* mit erhaltenem *i* wegen der Kürze der Stammsilbe) und *kür* (Wahl, ahd. *kuri*), gen. *tür, kür*.

In die *i*-Klasse übergegangen ist der *u*-Stamm *hant*, pl. *hende*, doch im Dat. Pl. die *u*-Form *handen* (ahd. *hantum*) neben *henden*.

Schon mhd. beginnt das Paradigma sich zu ändern und der Gen., Dat. Sing. wie bei der *ō*-Klasse dem Nom. gleich zu werden: *kraft*, G. *kraft*; umgekehrt auch der Akkus. dem Dativ: *hiut* die Haut cutem.

§ 23. Starke Neutra. [§ 14.]

1. *wort, sper.*

Sing.

	Urd.	Got.	Ahd.	Mhd.
N. A.	*wordam*	*word*	*wort*	*wort*

sonst gleich den Masc. der Klasse *tac*

Plur.

	Urd.	Got.	Ahd.	Mhd.
N. A.	*wordō*	*worda*	*wort*	*wort*

sonst gleich den Masc.

Nach *wort: bant, lant, ross, rêch* (Reh), *lieht, buoch, tal, volc, fell, jâr, rat, houbet, dinc, tranc, wîp, brôt*: die Deminutive auf *în*: *vogellîn* gen. pl. *vogelline*: beachte *vel* g. *velles*.

Nach *sper* (ohne Endungs-*e*) *zil*, *hol* (Loch), *sper* (Spur), *laster*, *leger*, *opfer*, *wunder*, *sedel*; die W. auf *-sal*.

Von den Wörtern auf *-en*, *-em* verlieren die langstämmigen *e* bald, die kurzstämmigen langsamer: *gadem*, *gademes*, *gademe*, aber *wolken*, *wolkens* dat. pl. *wolkenen* und *wolken*, doch herrscht in Bayern und Schwaben auch bei diesen Bildungen keine Regelmässigkeit. Auch in der besten Zeit fallen vereinzelt Endungs-*e* bei Stämmen jeder Gestalt ab (*dem hûs*, *lant*, *kint*), während in Mitteldeutschland alle Stämme die *e* bewahren können: nicht nur *lëgere*, sondern auch *wundere*, *zeichene*.

Nom. plur. in *e* (*jâre*, *lande*) finden sich zuerst nur in Mitteldeutschland; sie sind wohl durch Analogie der Maskulina entstanden (nach *tage*, *hunde*).

Aus der Klasse *wort* gehen mehr und mehr Neutra in die Klasse *hûs* über, da die Gleichheit von Singular und Plural störend empfunden wurde. In die Klasse *sper* (ohne End-*e*) herüber sind mehrere Wörter der Klasse *künne* getreten: so *mer* (Meer, urspr. *-i*-Stamm, vgl. lat. *mari-a*) *her* (Heer), *ber* (Beere), *gewæfen* (Waffen), die Deminutive auf *-el*: *kindel* (ahd. *kindili* gen. *kindilines*).

1a. ***künne*** (*ja*-Klasse).

Sing.

N. A. Urgerm. *kunjam* (Got. *kuni*) Ahd. *kunni*   Mhd. *künne*
G. D. = dem Maskul.

Plur.

N. A.   *kunjō*   *kunja*   *kunni* u. *kunniu*   „
G. D. = dem Maskul.

Hierher viele die durch das ursprünglich folgende *i*, *j* Umlaut oder Dehnung des Endkonsonanten haben. So *bette*, *netze*, *bilede*, *ende*, *erbe*, *crûze*, *antlütze*, *höuwe* (Heu), *göuwe* (Gäu), zahlreiche Kollektive und Abstrakte mit *ge-* wie *gebirge*, *gevilde*, *gebende*, *gerüste*, *gedigene* (Degenschaft, Gefolge), *gesidele*, *gemüete*, *gesûne* (Sehen), *gedrenge*, *gelücke*; die Neutra auf *-nisse gezügnisse*, *væncnisse* u. s. w.

Aus dieser Klasse sind die Stämme ausgeschieden, die das charakteristische *-e* verloren haben wie *mer*, *her*, *gewæfen*, s. ob. 1., oft auch die auf *wi*: *höu*, *göu* (ahd. *gewi* und *gouwi*, älter *gawi* und *gauwi*, *gawwi*).

In die Klasse trat ein *rihe*, ahd. *fihu* (Vieh), der letzte Rest der *u*-Deklination (lat. *pecu*).

1b. ***mel*** (*wa*-Klasse).

Sing.

N. A. Urgerm. *melwam* Got. *milu* Ahd. *melo* Mhd. *mele*, *mel*
G. D. wie das Maskulinum.

Das *e* von *mele* fiel nach bekannter Regel, ebenso in *hor* (Kot), *smer* (Fett), ferner nach Vokal in *rê* (Leichnam), *wê*, *lê* (Hügel), *spriu*

(Spreu); erhalten ist dies aus *o* (*w*) entstandene *e* in *knie* (neben *kniu*) und in *trese* (thesaurus, Schatz). Wo das *w* in der späteren Zeit ausfiel, gingen die Wörter in die Klasse *wort*, und *hûs* über, also *mel*, *meles* u. s. w.

2. *hûs, kalp*.

Sing.

N. A.	Urd. *kalboz*	(Got. *kalbis*)	Ahd. *kalp*	Mhd. *kalp*
				= *wort*

Plur.

N. A.	*kalbizō*	*kalbiza*	*kelbir*	*kelber*
G.	*kalbizōm*	*kalbizê*	*kelbiro*	*kelber(e)*
D.	*kalbizume*	(*kalbizam*)	*kelbirum*	*kelber(e)n*

Unser Paradigma, dessen urdeutsche und gotische Formen nicht ganz sicher anzusetzen sind, war noch im Ahd. nicht sehr verbreitet. Es stellt die Deklination der lat. Neutra wie *genus, generis*, pl. *genera*, der griechischen wie γένος, γένε(σ)ος, γένε(σ)α dar. Im Singular ist der Ausgang *az, iz* lautgesetzlich geschwunden wie bei den Maskulinen der *a*- und *i*-Kl.; zu dem Nom.-Acc. *kalb*- sind dann Gen. Dat. wie zu *wort* genommen worden, so dass die alte Stammform im Singular ganz verloren wurde. Reste davon finden sich noch ahd., so das Subst. *ahir* mhd. *eher* Ähre, das -*ir* verallgemeinert hat, und einzelne Kasus wie *rindares* Rindes, *kalbire* dem Kalb.

Nach *kalp* schon seit ältester Zeit: *huon* pl. *hüener*, *rind*, *ei*, *rîs* (Reiss, Zweig), *blat*, *farh* (Schwein, l. porcus), darnach bald andre wie *rat*, *grap*, *loub*, *bret*, *holz*, *loch*, *feld*, *hûs*, *tal*, auch *swîn* u. a.

Mhd. nehmen auch die Plurale auf -*er* noch -*e* an *kindere, telere, hüenere*, nicht bloss mitteldeutsch.

II. Schwache Substantive im Mhd.
[§ 15.]

§ 24. Die schwache Deklination umfasst die zwei- und mehrsilbigen Stämme, die auf -*n* (nicht -*na*, -*ni*, -*nu*!) ausgehen, also den lateinischen wie *homin-, ordin-, carbon-, nomin-*, den griechischen wie δαιμον-, ποιμεν-, χειμων- entsprechen, man nennt sie auch konsonantische und begreift dann auch mit die -*r*, -*s*, -*t* Stämme von denen einige auch noch im Mhd. an Eigentümlichkeiten der *n*-Stämme teilnehmen.

Die kurzen Endungen (gr. ος, ες, ι, ον) verloren ihre Vokale (meist auch die Konsonanten), schon im Urdeutschen, so dass meist nur der nackte Stamm übrig ist. Im Ahd. konnte noch der verschieden gefärbte Vokal der letzten Silbe zur Unterscheidung der Casus und Numeri dienen, im Mhd. ist fast kein Unterschied mehr vorhanden.

§ 25. Maskuline *hase, ber.*

Sing.

	Urd.	Got.	Ahd.	Mhd.
N.	*hasŏ(n)*	*hasa*	*haso*	*hase*
	berō(n)	*bëra*	*bero*	*ber*
G.	*hasenaz*	*hasins*	*hasen (-in)*	*hasen*
D.	*hasini*	*hasin*	*hasin (-en)*)	*hasen*
A.	*hasɔnum*	*hasan*	*hason*	*hasen*

Plur.

N. A.	*hasonez*	*hasans*	*hason*	*hasen*
G.	(*hasenôm*) *hasônôm*	(*hasanê*)	*hasôno*	*hasen*
D.	(*hasonme*)	(*hasam*)	*hasôm*	*hasen*

Nach *hase: sâme, name, bote, ane* (Ahn), *herre, hane* (Hahn), *lichame, mâne* (Mond), *herzoge, brunne, boge, balke, drache, galge, garte, dûme, kolbe, rieme, salme, sterre, wolke*.

Nach *ber* (ohne *e*) kurzvok. Stämme auf *l, r: schol* (Schuldner), *kol* (Kohle), *dil* (Diehle), *ar* (Adler), *junger* (Jünger), *gevater, Etzel, Hettel, kever,* (Käfer), *haver, âtem, besem* (Besen). Doch zeigen die letzteren noch häufig die volleren Formen *vetere, kevere*, wie andererseits auch Worte der *hase*-Klasse immer häufiger in Oberdeutschland -*e* verlieren, vor allem wieder vokalische Stämme und solche auf *n*, also *pfâ* neben *pfâwe, han, van* neben *hane, vane*.

Aus der Klasse sind noch kaum Substantive ausgeschieden; mehrere werden auch stark dekliniert, wie *hirʒ* neben *hirʒe, helm* neben *helme*. Noch stark sind z. B. *heled*, pl. *helede* (Held), *rucke*, pl. *rucke* (Rücken), *sê* u. aa.

In die Klasse *hase* traten die *ian*-Stämme, die meist am Stammvokal (Umlaut, *u* f. *o, i* f. *e*) oder am doppelten Endkonsonanten kenntlich sind, so *erbe, recke, schepfe, bürge, wille, veter(e), sippe* (Verwandter), *schütze, geselle, geverte; verge* (ahd. *farjo*); *scherge* (*skarjo*).

§ 26. Feminina *zunge, bir.*

Sing.

N.	-*a(n)*	Got. *tuggô*	Ahd. *zunga*	Mhd. *zunge*
		bërô	*bira*	*bir*
G.	-*naz*	(*tuggons*)	*zungûn*	*zungen*
D.	-*ni*	*tuggôn*	*zungûn*	*zungen*
A.	-*num*	*tuggôn*	*zungûn*	*zungen*

Plur.

N. A.	-*nez*	*tuggôns*	*zungûn*	*zungen*
G.	-*ônôm*	*tuggônô*	*zungôno*	*zungen* } = masc., neutr.
D.	-*ô(n)me*	*tuggôm*	*zungôm*	*zungen* }

---

*) Wirkung des *i*-Umlaut lebt noch fort in den Mundartformen *Mäntag* (*manin*-), *Mänsee* (*maninsēo*), der *Ähn* (ahd. *ano* gen. *enin*), der *Göt* (Pathe ahd. *goto, gotin*).

Die volleren Vokale sind in den Mundarten, zumal der schwäbischen noch bis zum Ende der mhd. Zeit bewahrt, andererseits das *o* von *ōno* schon bei Notker abgefallen.

Nach *zunge*: *bluome, tūbe, erde, fîge, sunne, kone* (Frau), *harpfe, lire, māze, stimme, swaleice* (Schwalbe).

Nach *bir*: *kel* (Kehle), *mūl, fidel, swegel, gugel, niftel, âder, veder*. Die mehrsilbigen mit kurzem Vokal zeigen noch bisweilen das *e* erhalten (*vedere*), umgekehrt verlieren bald auch andere Stämme das *e*.

Viele Substantive wechseln zwischen der Deklination von *êre* und von *zunge* schon im Ahd., noch mehr im Mhd., so *asche, dierne, kirche*. Anlass zu dem Wechsel ist die Gleichheit der Nominative im Sing., der Gen. und Dat. im Plural.

Zur einfachen *-n*-Deklination übergegangen sind die *jān*-Stämme, z. T. noch kenntlich am Stammvokal und an den gedehnten Endkonsonanten, so *vrouwe* (selten *vröuwe*, aus *frawwia*) auch zusammengezogen *vrou* gen. *vroun*, als Titel gar nur *ver*, vgl. unser *jung-fer, brucke* (*brücke*), *mucke* (*mücke*), *letze* (*lectio*), *zeine* (ahd. *zeinna*, Korb), *huore* (ahd. *huorra*).

Auch die *wān*-Stämme unterscheiden sich nicht mehr von den *ān*-Stämmen.

Dagegen ist die Mehrzahl, der ursprünglich hiehergehörigen Abstrakte auf *î* gen. *īn* aus der schwachen Deklination ausgeschieden (s. ob.), got. *managî* gen. *managins*, ahd. *menegî* und *menegîn*, mhd. *menege*, selten *menegîn* wie *êre* oder *zal*.

Aus anderen Klassen hierher sind mhd. nur wenige getreten, so *lunge* (ahd. *lungin*, nach *künegin*), *lende, büte* (Bütte), auch *küche* (neb. *küchen*), die jedoch auch nach *êre* gehen.

§ 27. Neutra *herze*.

Sing.
N. A. *hertō(n)* Got. *hërtô* Ahd. *herza* Mhd. *herze*
G. D. = masc.

Plur.
N. A. *hertǝnō* (*hërtôna*) *herzun* *herzen*
G. D. = masc., fem.

Diese Klasse ist schon bedeutend eingeschrumpft.

Nach *herze* nur *ôre, ouge, wange*.

Neben vereinzelten starken Formen dieser Substantive stehen ebenso vereinzelt schwache Plurale sonst starker Worte wie *diu staken, elementen*.

§ 28. Andere konsonantische Stämme. [§ 12, Anm. 4, § 13, Anm. 4].

Nur die Verwandtschaftsnamen auf *-ter* zeigen noch die alte, endungslos gewordene Deklination. So ist aus *faderaz, faderi, faderez, faderǝm* gleichmässig *vater* geworden. Doch schon im Ahd. treten

Neubildungen auf; im Mhd. wird besonders der Umlaut der *i*-Klasse eingeführt *veter*, *brüeder*, und bei Ma-k. das *s* des Genetivs *vateres*, *bruoders*; seltener das *-en* der *n*-Stämme: *vatern*.

Ebenso ist *man* nach alter Überlieferung ohne Endungen: *des man*; Pl. *die man*, *den man*; daneben vom Stamm *mann-* Formen der *a*-Klasse: *manne*, *mannes*; die schwache Form die *mannen* ist nicht mhd.

Vereinzelte Reste der konsonant. Deklination sind die Plurale *naht* (νύκτες), *brust*, *friunt* (vgl. griech. -οντες).

Nicht aus konsonantischer Deklination sind die endungslosen Formen in Appositionen zu erklären wie: *des künec Guntheres*, sie sind zu vergleichen den verwachsenen Formen wie *des Edel-steines*, *des Junkers* (*junc-her*).

III. Die neuhochdeutsche starke Deklination*). [§ 16.]

§ 29. Maskuline.

1. **Klasse** (*tac*, *engel*). Die oberdeutschen Mundarten verloren alle Endungs-*e*, so dass die Klassen *tac*, *engel* (und *hirte*) zusammenfielen; bei zahlreichen umlautbaren hat man die Bildung von '*balc*' durchgeführt: *täg*, *höf*, *händ*. In ostmitteldeutschen Maa. ist das Endungs-*e* auch nach *r*, *l* wieder durchgedrungen, also *himele*, *engele*. Luther: *die tag*, *beum*, *die künig* neben *die jüngere*, *hügele*. Im 17. und 18. Jahrhundert regelt sich das Verhältnis in der heute angenommenen Weise: die Maskuline haben alle im Plural (Nom., Gen., Acc.) -*e* mit Ausnahme der mehrsilbigen auf -*el*, -*er*, -*en*. Im Dativ des Sing. ist *e* bei einsilbigen die Regel nur im östlichen Mitteldeutschland (s. z. B. Holteis schles. Gedichte). Sonst ist *e* bei mehrsilbigen Stämmen meist geschwunden (*dem Herzog*, *Käfig*, *Weichling*), bei einsilbigen von Norddeutschen bevorzugt, von Oberdeutschen gerne unterdrückt (s. § 5); durchaus fällt -*e* auch im Dativ nach -*el*, -*er*, -*em*, -*en* und in Eigennamen (daher auch *mit Gott*). Die Endungen -*es* und -*en* verlieren jetzt ihren Vokal regelmässig in denselben Fällen wie der Dativ (*Himmels*, *Busens*); in einsilbigen Stämmen besonders vor unbetonten Silben (*Tags darauf*).

In unsere Klasse (*Tag*, *Tage*) sind (z. T. schon in mhd. Zeit) einige Substantive der *i*-Klasse übergangen, so *Lachs* (mhd. pl. *lähse*), *Luchs*, *Pfahl*, *Aal* (Goethe *Aele*), sodann *ia*-Stämme (schon mhd. *schuoler*); ferner -*n*-Stämme wie Herzog (mhd. pl. *herzogen* vgl. Herzogenaurach, -busch, -stand), Leichnam, Ärmel, Einsiedel (aber d. Ortsn. Einsiedeln!), Adler, Mond (aber Mondenschein), Stern (Sternenzelt), Käfer;

---

*) S. die wichtige Abhandlung von Cl. Bojunga, Die Entwicklung der nhd. Substantivflexion. Leipzig 1890. (Dissert.)

andere wenigstens teilweise, so Vetter (gen. Vetters), Psalm, Dotter, Nachbar. Der Übertritt erfolgte vom Nominativ aus, welcher dem der *tac*-Klasse gleich geworden war. Eine andere Reihe von *n*-Stämmen ist den Wörtern wie Besen angegliedert worden: so mhd. *boge*, *balke* u. s. w., s. unten, auch Rücken (urspr. *ia*-Stamm) ist durch die -*n*-Klasse in die Deklination von Besen übergegangen.

Aus der *a*-Klasse ist eine grosse Zahl umlautsfähiger Stämme (z. T. schon in mhd. Zeit) in die *i*-(*balc*-)Klasse übergetreten, so *Hof-Höfe* (aber in Ortsnamen noch -*hofen*), *Wolf*, *Laden* u. s. w., so dass jetzt kaum dreissig ohne Umlaut geblieben sind; in den Mundarten und in der noch schwankenden Schriftsprache des 16—18. Jahrhunderts sogar noch weniger. S. d. *i*-Deklination. Eine andere Gruppe ist ganz oder im Plural in die schwache *n*-Deklination getreten: so *Held*, *Christ*, *Heide* (nach d. Plur. *heidene*), *Dorn*, *See*, *Zins*, *Gedanke*, *Mast*, *Pantoffel*, *Stiefel*, *Muskel*, *Knorpel*. In der älteren Schriftsprache und in den Mundarten auch z. B. *Flügel*, pl. *Flügeln*, *die Himmeln*.

Ferner haben die Deklination geändert Wörter, die — wegen der Form oder der Bedeutung — das Geschlecht, zuerst meist im Plur., gewechselt haben — so die ursprünglichen Maskuline *Locke*, *Schranke*, *Socke*, *Zwecke* (neben *Zweck*), *Binse*, *Hornisse*, *Matratze* u. a.

Endlich hat sich aus Klasse 1 eine neue Deklination nach dem Vorbild der Neutra wie Blatt-Blätter gebildet, die schon im Mhd. sich zu zeigen beginnt:

1a. Neue Klasse *Wald-Wälder*.

Darnach zunächst Substantive die Neutra und Mask. zugleich waren wie *Ort*, *Abgott*, *Leib*, dann begrifflich oder lautlich solchen nahe stehende: zu *Weiber*, *Kinder* nun auch *Männer*, zu *Gespenster Geister*; zu *Felder Wälder*, so auch *Sträucher*, *Ränder*, *Vormünder*. Aus den Mundarten sind in die ältere Schriftsprache noch viel mehr solche Bildungen aufgenommen worden: *Steiner*, *Büscher*, *Bäumer*.

2. 1a-Klasse (*hirte*).

Die Klasse '*hirte*' ist vollständig nur noch in dem Lehnwort *Käse* erhalten; der Sing. wenigstens bei *Hirse* (auch Femin.!). Sonst sind alle *ia*-Stämme in andere Deklinationen übergegangen. Am nächsten lag wegen des Nominativ-*e* die schwache Deklination: *Hirte Hirten* nach *Knabe Knaben*; so auch früher *Friede*, *Schatte*, *Weize* und *Rücke*, die dann in die Klasse *Besen* weiterrückten.

Das Geschlecht und damit die Deklination änderte *Sitte* (mhd. *der site*, Pl. *die site*, was als Singul. Fem. aufgefasst wurde, nachdem der Singular ausser Brauch gekommen war).

3. 1b-Klasse (*sê-sêwes*).

Die *wa*-Stämme sind behandelt wie andere *a*-Stämme; früh schwand in der Schriftsprache, meist auch in den Mundarten, das *w* ganz; der

Plural kommt nur von *See* vor und wird nach der *-n*-Klasse gebildet (*Seen*; *die See* könnte auch Sing. Fem. sein).

4. 2. Klasse (*balc*, pl. *belge*).

Diese Klasse nimmt seit dem Ahd. immer weiter überhand, und zieht vor allem die umlautfähigen *a*-Stämme an (in den Mundarten und der früheren Schriftsprache auch *Hünde, Aerme, Thröne, Täge*). Beachtenswert der Wechsel von *-drucke* (*Nachdrucke*) und *-drücke* (*Eindrücke*) je nach dem dazu gehörigen Zeitwort. An die zwei-silbigen *i*-Stämme schlossen sich schon mhd. z. B. *wagen*, pl. *wegen*, *nagel*, im Nhd. *Laden, Faden, Boden, Stadel*, und die aus der *n*-Deklination stammenden wie *Schaden, Bogen, Braten, Garten, Graben* u. a.; in der Mundart und mundartlich gefärbten Schriftsprache auch z. B. *Namen, Brunnen, Karren* (*Nämen* u. s. w.). Die umlautfähigen Verwandtschaftsnamen auf *-er* sind allmählich ganz in die *balc-*(*wagen-*)Klasse übergegangen (*Brüder, Töchter*).

Aus der *i*-Klasse in die *u*-Klasse ausgetreten sind nur wenige, wie *Lachs*, (mhd. pl. *lähse*), *Aal, Pfahl*; mit Wechsel des Geschlechtes sind dagegen eine grössere Anzahl ausgetreten, so *Schläfe* (eigtl. Plur. zu der *Schlaf*, was noch oberd.), *Schürze* (neben *Schurz*, dessen Plur. es urspr. ist), *Thräne* (Pl. zu der *Thran*), *Zähre* (Pl. zu der *Zaher*), *Tücke* (Pl. zu der *Tuck*), *Zwecke* (der *Zweck*).

[Die *u*-Klasse schon mhd. ganz in die *i*- und *ia*-Klasse übergegangen, im Nhd. keine Spur mehr!]

§ 30. Feminine im Nhd. [§ 16.]

1. Klasse (*êre, zal*). Ergänzung: *Ehre*, pl. *Ehren*.

Die Klasse als solche ist ganz verloren. Dagegen ist ihr Singular auf alle Feminine übertragen worden. Der Plural ist entweder in die Klasse *zunge* oder in die Klasse *kraft* ausgewichen. Auch die Maa. kennen die Klasse wohl nirgends mehr*). Schon im Mhd. ist eine Vermengung eingetreten. Durch den Abfall des Endungs-*e* fielen zuerst die Singular und Plurale der *ō*- und nicht umlautfähigen *i*-Stämme im Oberdeutschen zusammen (*geschicht, list* u. s. w. Sing. = Plur.) Luther hat noch die unbequeme Unterschiedlosigkeit: *sünd* wie *sünde* als Sing. und Plur. Der Zusammenfall der Pluralformen mit denen der schwachen Substantive wurde dadurch begünstigt, dass beide Klassen schon im Nom. Sing. (*Gabe* = *Zunge*) und im Gen. Dat. Plural. (*Gaben* = *Zungen*) übereinstimmten.

Der heutige einfache Stand hat sich erst nach mannichfachem Schwanken und Versuchen herausgebildet; noch zu Herders Zeit war er noch nicht ganz gefestigt. Das *e* im Singular stammt aus Mittel-

---

*) Was damit übereinstimmt, sind umlautunfähige *i*-Stämme, wie die Fem. auf *-nis*.

deutschland und ist bei den Schlesiern schon viel fester als bei Luther, aber in der Sturm- und Drangperiode durch die Nachahmer des Volkstones wieder gefährdet. Die Verteilung der -e entspricht im ganzen dem Behaghelschen Gesetz (s. ob. I., § 5, S. 9); doch nicht immer, vgl. *Bahn: Fahne; Zahl: Schale:* mhd. -*ûre, -îre, ûre, -iure* sind durch *-auer* u. s. w. ersetzt: *Mauer, Leier, Steuer;* aber *Natur* in Anlehnung an die lateinische Form. Das auslautende *e* gilt als recht eigentliche Femininendung; weshalb Maskuline auf -*e* wegen dieses Auslautes in unsere Klasse übergingen, so *Imme,* oft auch *Hirse, Fahne, Flocke, Hefe, Heuschrecke, Blume.* Der Übertritt erfolgte meist vom Plural her. S. u. die *n-*Deklination.

In die neue Klasse traten auch die Bildungen auf -*n-* wie *lügen, küchen,* nun Sing. *Lüge, Küche* (neu zum Pl. *Lügen* geb.), die *wō*-Stämme wie *brâ(we)* Braue (ob. § 22, S. 44), überhaupt alle ausser den erhaltenen *i-*Stämmen; ein Teil der *i-*Stämme ist in der Pluralform als Singular verwendet worden und so der neuen Klasse zugefallen: so *Geschichte* (mhd. *geschiht,* Plur. *geschihte*)*, Blüte* (mhd. *bluot*)*, Erbse, Stätte* (mhd. *stat*)*, Fährte, Hüfte, Eiche;* ebenso die Maskul. *Thräne, Zähre* (mhd. *die zähere,* Plur. zu *der zaher*)*, Binse, Hornisse, Stute,* die Neutr. *Achre, Waffe, Wolke,* ferner vom Singular aus (der Gruppe *Zahl* sich anschliessend) z. B. *Zeit, Fahrt, Tat, Geburt, Last,* die Bildungen mit *-schaft, -heit, -end* (*Tugend*).

In den Mundarten ist der Übertritt in unsere Klasse noch häufiger: auch *Nussen, Kentnissen* u. s. w.

2. Klasse (*zît, kraft*).

Diese Klasse ist in ihrer jüngeren Gestalt (Sing. durchaus ohne Endung) in zahlreichen Beispielen erhalten.

Verloren sind die oben erwähnten Subst. die in die neue ō-Klasse übergegangen sind (*Geschichte,* st. *Geschicht*) *Fährte* als Singular (mhd. ist *verte* Plural), *Ente, Säule* (mundartl. noch die *Saul*), *Biene.* Ein Teil der *i-*Stämme hat sich gespalten, und die verschiedenen Formen für verschiedene Bedeutungen verwendet, so *Fahrt* neben *Fährte* (in letzterer Bedeutung sonst vorwiegend im Plur. gebraucht *verte = vestigia*), *Stadt, -statt* und *Stätte* (letzteres besonders in mhd. Verbindungen *zer, stete, uf der stete,* vgl. *Eichstätt,* ursp. Dat. zu *Eichstadt*).

In Mundarten (und in der älteren Schriftsprache) ist die *i-*Klasse mit der neuen ō-Kl. vermengt: *die Kräften, Früchten, Ängsten, Nöten.*

[Das *u-*Femin. *Hand* zeigt nhd. seine Sonderstellung noch in *zu Handen, vorhanden.*]

§ 31. Die neuhd. starken Neutra. [§ 16.]

1. Klasse (*wort, sper,* N. Sing. = N. Pl.).

Diese Klasse fehlt im Nhd. bei einsilbigen Stämmen ganz; sie ist erhalten bei den Deminutiven auf -*chen* und -*lein;* bei Wörtern auf *-er* (*Messer*), *-en* (*Kissen*), *el* (*Wiesel, Rätsel*).

Aus der Klasse sind die meisten Wörter übergegangen in die Klasse *Kalb* oder die neu entstandene Klasse *Reich* Pl. *Reiche*; zum Teil in anderes Geschlecht (*Block*, *Honig*, *Abgott*, *Lohn*, *Mord*, *Trank*; *Öhre*, *Wolke*).

In die Klasse ist z. B. *Segel* gekommen (mhd. masc.), ferner *Bauer* (mhd. *bûr* m.), *Gatter* (mhd. und noch mundartl. masc. schw.), *Polster*, *Gesindel* (mhd. *ia*-Klasse).

1a-Klasse (*künne*).

Darnach nur wenige Kollektive wie *Gebirge*, *Gesinde*, *Gelübde* und andere mit weichem Schlusskonsonant (viele im östl. Mitteldeutschland). Die übrigen haben das *e* im Singular verloren und sind in die neue Klasse *Reich*, oder in die Klasse *Haus* übergegangen z. B. *Gesicht*, *Bild* (in den Maa. oft auch: *Better*, *Stücker*, *Hefter*), oder in die neue Klasse *Auge* — *Augen*, so *Bett*, *Hemd*, öfter *Ende*, *Gau*, oder sie haben das *e* bewahrt und sind seinetwegen Feminina geworden, so *Beere*, *Tülle*, *Wette*, *Grütze*; seltener ist Übertritt zu den Masc.; so bei *Gau* (aber das *Gäu* oberd. vgl. *Allgäu*; *Hennegau*), *Tau*.

2. Klasse (*kalp*, *hûs*) Pl. *-er*.

Diese Klasse hat sich im Nhd. und in den Maa. sehr verbreitet, oft neben den Formen der neuen Klasse *Reich*, so in *Land*, *Band*, *Wort*, *Denkmal*, sogar *Wasser* (eigtl. nach den Masc. *Nagel*) mundartl. *Better*, *Kissener*, *Schiffer*, *Tierer*, *Beiner*, *Stücker*, *Hemder* u. aa.; der Plural ist allein gebräuchlich bei *Spreuer* (*Spreu* hat andere Bedeutung).

3. (neue) Klasse (*Reich*, pl. *Reiche*).

Im Mhd. noch nicht vorhanden; sie ist ganz nach den Maskul. wie *Tag* gebildet und hat in sich die nicht umlautsfähigen der *a*-Kl. aufgenommen; umlautsfähige nach unserer Klasse haben meist Formen mit -*er* in etwas anderer Bedeutung neben sich: *Lande* und *Länder*, *Worte* *Wörter*, *Bande* *Bänder*, *Orte*, *Orter*, *Schilde* (masc.) *Schilder*, *Denkmale* *Denkmäler*, *Gesichte* *Gesichter* (aber begreiflicherweise nicht *Schäfer* neben *Schafe*).

IV. Die neuhochdeutsche schwache Deklination (-n-Klasse).

§ 32. Maskulina.

Ausser den reinen Beispielen wie *Hase*, *Knabe*, *Rabe* finden sich zahlreiche, die meist nach Behaghels Gesetz (§ 5) das *e* verloren haben, so *Fürst*, *Graf*, *Prinz*, *Spatz*, *Herr*, *Mensch*.

In die *n*-Klasse sind einige Vokalstämme übergetreten, wie *Held*, *Hirte*; durch die *n*-Klasse hindurch rückten die Stämme *Rücken*,

Schatten, Frieden, Weizen s. unt.; im Plur. allein, besonders in Mundarten: *die Stiefeln, Nägeln, Äpfeln*, wo ohne *n* der Plur. dem Sing. gleich wäre. Eine Zeit lang waren schwache Dative und Akkus. bei Namen beliebt: *Schillern, Heinrichen*.

Aus der *n*-Klasse traten im Singular einige, denen das charakteristische *e* abhanden gekommen war: *Nachbar* (*Nachbars*, doch auch schwach), ebs. *Schmerz, Brei, Hafer, Gevatter, Psalm, Strauss, Vetter*, oft auch *Bauer*, andere sind ganz zur *a*- oder *i*-Deklination übergegangen, so *Herzog, Schwan*, (aber *Schwanengesang*), *Hahn* (als Tiername); *Käfer, Ärmel, Besen* (mhd. *beseme*), *Stern, Mond*, (aber *Sternenzelt, Mondenschein*), *Aar, Adler, Tropf* (bildl.).

Eine grosse Anzahl von Worten, die gewöhnlich im Plural vorkommen (*Groschen, Knollen, Possen, Socken, Topfen*) oder als Objekt im Accus., Dat., also ganz besonders leblose Wesen erhalten die Gestalt dieser Formen als Stammform und treten so in die Klasse der *-en*-Stämme, die stark deklinieren; so *Backen* (mhd. *backe*, gen. *backen*), *Ballen, Bogen, Daumen, Felsen, Hahnen* (als lebl. Ding, Fasshahn), *Sporn, Tropfen* (Wassers, aber *Tropf* = elender Mensch), *Kranen* (Werkzeug, mhd. *krane* Kranich), *Drachen* (als Spielzeug), *Batzen* (als Münze, als Tier *Bätz* = Bär), *Franken, Lappen, Knoten, Rappen*. Die gleiche Verschiebung über die schwache Dekl. machten der *ia*-St. *Rück*- und *Weiz*-, der *wa*-St. *Schatt*- durch, s. ob. Nur bei Fischnamen trifft die Scheidung nicht zu (*Hausen, Karpfen, Rochen*). Einige Wörter sind in die Klasse *Nagel, Wagen* übergetreten, so *Bogen, Garten, Schaden* (in Mundarten auch *Knoten, Zapfen* u. aa.). *Friede* hat die gleiche Entwicklung durchgemacht, aber im Nominativ oft -*e* bewahrt.

Bei wieder anderen ist die Nominativform geblieben, aber im Verhältnis zum *n*-Plural als Feminin betrachtet worden (*Karre* zu *Karren* wie *Gabe* zu *Gaben*), so *Fahne, Flocke, Kohle, Knospe, Made, Niere*. Oft haben sich zwei Bildungen nebeneinander erhalten, so dass für unsere Empfindung eine Wechselbeziehung zwischen beiden besteht: vgl. die *Karre* und der *Karren*, die *Backe* und der *Backen*, die *Flade* der *Fladen*, die *Heuschrecke* der *Heuschreck*, die *Socke* der *Socken*, *Scherbe, Strieme, Wade, Zacke, Lade, Kolbe* u. aa.; ferner *die Schnepfe* der *Schnepf*, die *Hirse* der *Hirs*, die *Kresse* der *Kress*, die *Ratte* der *Ratt, Schnake, Schnecke, Sprosse, Zwiebel*. Mehr Beispiele liefern die Mundarten.

§ 33. Schwache Feminina. [§ 16.]

Die schwachen Fem. sind den starken der Klasse *ere* völlig gleich geworden. Doch ist der Singular in einzelnen Resten noch erhalten (*auf Erden, Marienberg, Frauentag*); im 18. Jahrhundert war er noch viel besser bewahrt. Schwanken aber trat schon in mhd. Zeit ein.

Der Singular hat sein -n durch Anschluss an die ō-Klasse, mit der er im Nomin. übereinstimmte, eingebüsst. Beispiele s. ob.

In den Mundarten ist meist umgekehrt das n verallgemeinert worden: *Glocken, Zungen, Ellen, Quellen, Trauben, Zacken, Treppen* u. s. w. auch im Nom. Sing., daher auch hier die älteren *Küchen, Ketten, Metten* erhalten blieben (im Bayr. bisweilen Ausweichung des n in l, *Kuchel, Lungel*); darnach dann auch die *Grössen, Güten* (Formen die im Alem. alt überliefert sind *grôzin*).

§ 34. Schwache Neutra. [§ 16.]

Die wenigen mhd. schw. Neutra sind im Nhd. nach Art der Feminina umgebildet, d. h. sie haben starken Singular und schwachen Plural. Der Sing. folgte den im Nom. und Acc. gleichen *ia*-Stämmen (*Auge* also wie *Gesichte, Ohr* wie *Gehör*).

Aus der Klasse trat *Herz*, das entweder vom Nominativ aus stark wurde oder vom Gen., Dat. aus die Stammform *Herzen* annahm (dazu Gen. *des Herzen*) jetzt aber beide Klassen vermischt darstellt; *Wange* ist wegen des -e den Femininen, zunächst dem Synonym *die Backe* gefolgt.

In oberd. Mundarten ist *Ohr* und *Auge* (im bayr.-öst. zumal) gleich *Herz*, wie die Maskul. *Boge* behandelt worden: *das Augn*, Pl. *die Augnen, Wange* Neutr. geblieben.

In die neue Mischklasse sind alte *a*-, *ia*-Stämme übergetreten wie *Bett, Hemd*, in Maa. noch mehr; z. T. auch *-er*-Stämme, also z. B. *Ei*. Pl. *Eiern*.

* * *

§ 35. [§ 16.] Rückblick. Die Änderungen im Nhd. und in den Mundarten setzen meist Bewegungen fort, die schon im Ahd. und Mhd. begonnen haben. Die Umgestaltungen gingen fast immer von schon bestehenden Doppelformen aus. Der Anschluss an andere Reihen erfolgte teils wegen Berührungen in der Form, teils wegen Zugehörigkeit zur gleichen Begriffsgruppe oder wegen des grammatischen Geschlechtes; umgekehrt ist das letztere oft durch die Deklinationsform beeinflusst worden. Beispiele oben und vor allem in Cl. BOJUNGA's angeführter Dissertation.

2. Deklination der Adjektiva.

§ 36. [§ 17.] Die Deklinationsformen der Adj. sind eigentlich verschiedene Wortbildungen etwa wie gr. ἀγαθός neben Ἀγαθόν, lat. *beneficus* neben *beneficent*-, aber sie haben schon sehr früh (doch nur im Germanischen) zwei verschiedene syntaktische Bedeutungen erhalten. Die starke Deklination hat mit der der starken Substantive ursprünglich nichts gemein; sie schliesst sich den Pronomina an, wie etwa lat. *alius;* die schwache ist rein substantivisch, etwa wie gr. εὐδαίμων, lat. *ingens*.

Schon im Ahd. ist Vermengung beider Klassen eingetreten, doch sind sie immer noch besser geschieden als mhd. (z. B. Acc. Sing. st. *blindan*: schw. *blindon*, Dat. Pl. *blindêm* : *blindôm*).

§ 37. Starke Adjektivdeklination im Mhd. [§ 18.]

1. *a*-Deklination.

Sing. Mask.

N.	Urd.	{*blindaizaz*	Got. fehlt	Ahd. -*êr*	Mhd. -*er*	
		{*blindaz*	-*s*	ohne Endung vgl. lat. -*us*, gr. -*ος*		
G.		{*blindesa*	-*is*			
		{ -*asa*		*es*, *as*,	-*es* vgl. gr. ουαυσοσο	
D.		*blindemō*-	(-*amma*)	-*emu*,	-*eme*	
A.		*blindanō*	-*ana*	-*an*	-*en* vgl. lt. -*um*, gr. -*ov*	

Die Formen sind mit denen der klassischen Sprachen nur zum kleinsten Teil vergleichbar; der Nominativ *blinder* hat überhaupt nicht seines Gleichen (annähernd entsprechen ihm griech. Nom auf οιος).

Neutr.

N. A.	{*blindam*	*blind*	*blint*	*blint* vgl. lt. -*um*, gr. ov	
	{*blindatō*	-*ata*	-*az*	-*ez* vgl. lt. -*ud*, gr. o(δ)	
Instr.	*blindō*-		-*u*	-*e* vgl. lat. *ō*	

Femin.

N.	(*blindō*), -*iō*	(-*a*)	-*iu*	-*iu* vgl. gr. *ā*, ια
G.	*blindizōz*	-*izōs*	-*era*	-*ere*
D.	*blindizō*-	(-*ai*)	-*eru*	-*ere*
A.	*blindām*	-*a*	-*a*	-*e* vgl. lt. *ām*, gr. *ōv*

Beachte dass der Nom. und Acc. hier nicht gleich lauten; das *s* (*z*) im Gen. Dat. ist im Sanskr. nur bei wirklichen Pronomina zu finden; im Lat. nur im Plur. (*orum* aus *osum*).

Plur. Masc.

N.	*blindai*	-*ai*	-*e*	-*e* vgl. gr. οι, lt. *ī* (< *oe*)
G.	*blindezōm*	-*izê*	-*ero*	-*ere* „ ε(σ)ων, lt.(*ō*)*rum*
D.	*blindaimiz*	-*aim*	-*êm*	-*en* .. οι(ς) lat. *ī*(*s*)
A.	(*blindanz*)	(-*ans*)	= Nomin.	„ ονς lat. (*ōs*)

Neutr.

N. A.	*blind*(*i*)*ō*	-*a*	-*iu*	-*iu* „ (α) lat. (*a*)
G. D.			= Masc.	

Fem.

N. A.	*blindōz*	-*ôs*	-*o*	-*e*
G. D.			= Masc.	

Die Nom.-Form der Feminina ist alt (sankr. -*ās*) fehlt aber dem Griech.-Lat. ganz.

Die Formen auf -*re*, -*me* verlieren das End-*e* in Oberdeutschland allmählich ganz; im 13. Jahrhundert herrscht noch vielfach Schwanken. Es wird als Regel angesetzt: nach langsilbigem Stamm fällt das zweite, nach kurzem das erste *e* also: *grózem*, *grózer* dagegen: *grobme*, *grobre*, bei mehrsilbigen Adjektiven sei es umgekehrt: *heiterme*; *ed(e)lem*, *ebnem*. Aber die Regel ist fast so oft durchbrochen als gewahrt; nur nach *l*, *n*, *r* ist Ausfall der *e* ziemlich regelmässig auch in der klassischen Zeit und zwar eher bei kurzsilbigen als bei langsilbigen Stämmen und eher in Bayern und Schwaben als in Ostfranken.

2. Adjektive der *ia*-Deklination. [§ 18. A. 3.]

Der Klasse *hirte* der Substantive entsprechend hat das Ahd. auch Adj. auf -*i*, im Mhd. auf -*e* mit Umlaut so *œde*, *reine*, *wüeste*, *kleine*, *ellende*, *mitte* (medius), *tiure*, *müede*, *bequœme*, *genœme*, die auf -*bœre*, oft auch *herte* (mundartl. noch *hert*).

Der *ia*-Klasse haben sich schon ahd. die wenigen Stämme der übrigen Deklination angeschlossen; so *süeze* (lat. *suavis*, gr. ἡδύς), *gemeine* (lat. *communis*), *herte* (got. *hardus*, gr. κρατύς), *enge* (got. *angvus*), *dünne* (lat. *tenuis*), *vil*, älter *vile* (gr. πολύ, ahd. *filu*).

Selbständig sind die *wa*-Stämme geblieben: *fal* (ahd. *falo*), Gen. *falwes*, fahl, *gar*, Gen. *garwes*, fast nur in flektierter Form kommt vor *zese* (ahd. *zeso*), rechts (dex-ter), Gen. *zeswes*.

[Die schwache Deklination [§ 19] ist ganz gleich der Substantivdeklination; es heisst also vor allem auch der Singular des Feminins im Akkusativ: *die lieben frouwen*, *die witen kirchen*.]

§ 38. Neuhochdeutsche Deklination der Adjektive.

Im Nhd. sind die endungslosen Formen nur selten gebraucht (nämlich bei *all* und *viel*, beim Neutrum, seltner beim Mask. mehrsilbiger Stämme in gehobener Sprache, sonst nur, wenn das Adj. nicht vor dem Subst. steht, in Apposition, als Prädikat); das Neutrum wenigstens in Mundarten (z. B. am Untermain, in der Rheinpfalz). Umgekehrt sind die flektierten Formen in der Apposition und als Prädikate in der Schriftsprache bis auf *voller* verloren, in den bayr. Mundaa., im Vogtländ., im Alemannischen jedoch noch im Schwang (*si kommt heulender*). Die zweisilbigen Endungen sind schon in Luthers Sprache durchaus verkürzt.

Die Endung *e* ist — anders als beim Substantivum — durchaus erhalten oder wieder hergestellt (auch *hohle*, *edle*), da in den oberdeutschen Mundarten und lange auch in der oberdeutschen Schriftsprache die Endung *-iu* (bayr. *eu*, jetzt *ö*, fränk., alem. *-i*) eine Stütze bildete. Doch hat eine Zeit lang der Gebrauch der lautgesetzlich verkürzten Formen zu Recht bestanden, so bei Luther *weltlich Gewalt, boss Leut* (und da md. *in* durch *e* verdrängt war, auch) *ketzerisch Gesetz* (neutr., pl.); so noch bei den Stürmern und Drängern, die überhaupt die starken Adjektivendungen verschmähen. Die zweisilbigen Endungen sind verschwunden: also kein *blindeme, blindere* mehr; doch kommt in Mundarten noch *blindma, blindra* vor, auch im Akk. *blindna* (Schweiz), darnach sogar *a sauberni, sicherni* (N. Sing. Fem.). Die schwachen Formen des Adjektives verlieren das Endungs-*e* wie die Substantiva (oberd. Mundarten und ältere Schriftsprache: *der gut Mann*). Der Ausgang *-en* des Feminins wird auch hier im Acc. Singular durch das *e* des Nominativs ersetzt (*die gute Frau*, mhd. *die guoten vrouwen*).

Wo in Mundarten das auslautende *n* mit dem Endkonsonanten des Stammes verschmolzen ist (*leding* aus *ledigen, grom* aus *groben*) wird oft die Endung ein zweites Mal angefügt (*di ledinga*).

§ 39. Steigerung der Adjektiva. [§ 20.]

Nur eine Steigerungsweise, nämlich mit dem *s* (got. Komp. *-za*, Supl. *-st*) ist im Deutschen erhalten; sie entspricht der griech. in *ιων, ιστος*, dem lat. Komp. *-ior* (aus *-iōs*) Frühzeitig spalteten sich die Formen nach dem Stammausgang in zwei Gruppen, 1) got. *ôza, ôst*, ahd. *ôro, ôst*, mhd. *ere, est* ohne Umlaut, und 2) got. *iza, ist*, ahd. *iro, ist*, mhd. *ere, est* mit Umlaut ohne Regel; die Bildung mit Umlaut herrschte im Mhd. noch nicht so vor wie heutzutage, wo sie willkommen ist, um Positiv (*grosser*) und Komp. (*grösser*) deutlich zu scheiden.

Das unbetonte *e* wird behandelt wie in der Adjektivdeklination.

[Anm. 2.] Neben *minner* auch die Form *minnre*, daraus das nhd. *mindre, minder* und darnach weiterhin *mindest*. Zu *bezzer* vgl. *baz* und den Stamm *buoʒ* (*buoʒe, büeʒen*).

[Anm. 3.] Die Formen mit *ô* könnten in den bayrischen Superlativen wie *toifast* weiterleben, wahrscheinlich liegt aber hier die Bildung *tiufer-st* zu Grunde.

3. Die Zahlwörter.
§ 40. Die Grundzahlen. [§ 21.]

Die Grundzahlen bis 19 [s. Gramm.] sind deklinierbar; sie sind meist nach Art der *i*-Stämme behandelt. Nur 1—3 haben ihre eigene Deklination; *ein* wie die Adjektiva, schwach dekl. *eine* ist = einzig, allein. Das Masc. *zwêne* ist wohl eine adjektivische Weiterbildung, vgl. lat. *bini* (*duīni*), Fem. *zwô* bietet allein, weil betont, noch dieselbe

Endung wie die ahd. Feminina: *gebō* Gaben; *zwei* ist mhd. nur Neutrum; im Gen. und Dat. ist das *ei* anderen Ursprunges als beim Neutr. (vgl. sanskr. Gen. *dvayōs*). Die Mundarten haben die drei Formen vielfach rein erhalten.

drî lat. *trēs*; der Dat. *drin* mit *i* wie lat. *tribus*, gr. *τρισί*; *drîen* ist aus dem Nomin. neugebildet. *vier* (ahd. *fior*, got. noch den alten Sprachen näher *fidwôr*), Neut. *rieriu*, mundartl. jetzt *viri*. *fünf* geht auf die deklinierte Form (*funfi*, *u* ist schwache Vokalstufe; dem lat. *i*, gr. ε in *πέντε* entspricht das niederd. *fīf*) zurück, ebenso *sehs* (mit geschlossenem *e* für altes *i*) auf *sehsi*, *ehte*, *ehtewe* (*ahtawi*, daneben *ahte* aus *ahtau*), *nûn* (so wohl gewöhnlich, aus *niuni*, aber *niunzehen*, *niunzee* ohne Umlaut), *zehen* (mit geschlossenem *e* aus *i*). *einlif*, *zwel(i)f* sind wohl mit dem Stamm von lat. *linquo*, gr. *λείπω* zusammengesetzt (1 über 10). Die Formen mit Endungen (ma. *zehni*, *elfi* u. s. w.) gehen auch hier, wie bei *vier* auf das Neutrum auf *-iu* zurück. Das nhd. *elf* weist auf *einlif* (nicht *ainlif*) hin. *zweinzec* wie die übrigen Zehner zusammengesetzt mit dem Subst. *zeg-*, *zig-* (annähernd entsprechend dem griech. *δεκάς*, auch im Accent, daher *g* für *h*). Ahd. lautet die Form *zug* (das unbetonte *zegu* ist wohl durch Assimilation in *zugu* übergegangen); daher auch kein Umlaut: *niunzec*, nicht *nünzec*, *sëchzec* nicht *séchzec*; nhd. *funfzig* neben der Analogiebildung *fünfzec*. Das nhd. *zwanzig* ist aus oberd. *zwainzig* durch junge Verkürzung entstanden; *hundert* ist eine Ableitung von *hunt* (= eine Gruppe, feste Vereinigung von Hundert); *hunt* entspricht völlig lat. *centum*; *tûsent* älter regelrecht *dûsent*.

§ 41. Die übrigen Zahlarten. [§ 22.]

Ordnungszahlen. Vgl. die lat. und griechischen in *-tus*, *-τος*; *zweite* ist junge Bildung; neben *der andere* (lat. *alter*) kommt später auch die Analogiebildung *anderte* vor; das *tt* in *dritte* stammt aus der Form *dritj-* (lat. *tertius*), das *d* von *vierde*, *zehende* wegen *r* und *n*.

Adverbien: aus *eines* (eines males) ist *einst* (einstmals) geworden; *zwir* = lat. bis (aus *duis*); *dries* dreimal ist nur mitteldeutsch und wohl nach *eines* gebildet.

Stunt stunde bezeichnet ursprünglich (und noch mhd.) nicht eine Zeitdauer, sondern wie *momentum* Anfang oder Ende eines Zeitabschnittes, Augenblick; *mâl* einen bestimmten Zeitpunkt, Termin.

4. Fürwörter.

§ 42. Die persönlichen. [§ 22.]

Die Stämme der Personalpronomina sind zumeist klar: *ich* = ἐγώ, *ego*, *mîn* zu *με*, *me*, *uns* zu lat. *nos*(?), gr. ἅμμε (aus *νσμε*); *wir* hat nur im Sanskr. *rayam* einen Verwandten; *du* = *tu*, σύ, *din* zu *te*, σε, *ir* (got. *jus*) und *iur-* = gr. ῐ̔-μεις (aus *us-*, sanskr. *yus-*), *sin* zu lat, *se*, gr. *ἑ*.

Neben den Kürzen in *ich*, *du*, *wir*, *ir*, *uns* kommen mhd. in betonter Stellung auch wohl die Längen vor (daher die mitteldeutschen Formen *aich*, *dou*).

Die Kasusformen bieten meist nur unsichere Anknüpfungen an fremde Sprachen. Es genügt die übereinstimmende Deklination im Germanischen zu verfolgen.

1. *ich*, Sing.

	Urd.	Got.	Ahd.	Mhd.
N.	*ikam*	*ik*	*ihha* / *ih*	*iche* / *ich*
G.	*mînô*	*mina*	*mîn*	*mîn*
D.	*miz*	*mis*	*mir*	*mir*
A.	*meke*	*mik*	*mih*	*mich* (vgl. ἐμεγε?)

Dual.

N. A.		*wit*	ausgestorben.	
G.	*ungkerō*	*ungkara*	*unkêr*	ausgestorben.

Plur.

N.	*wiz*	*wis*	*wîr* / *wir*	*wîr* / *wir*
G.	*unsərô*	*unsara*	*unsêr*	*unser*, *ünser*
D.	*unsiz*	*unsis*	*uns*	*uns*, *üns*
A.	*unsik*	—	*unsih*	*ünsich*, *üns*, *uns*

Der (in Oberdeutschland weit verbreitete) Umlaut *ins* *üs*, selten *üns-* stammt aus dem Akkusativ; die Endungen im Dat., Akk. Plur. sind dieselben wie im Sing.

2. *du*, Sing.

N.	þu	þu	*dû* / *du*	*dû* / *du*
G.	þînô	þina	*dîn*	*dîn*
D.	þiz	(þuz)	*dir*	*dir*
A.	þik	(þuk)	*dih*	*dich*

Dual.

N.	*jit*	—	(*ëʒ*)	(*ëʒ*)	neud. *es*
G.	(*inkərô*)	(*inqara*)	(*enkêr*)	(*enker*)	*enker*
D.	(*inkiz*)	(*inqis*)	(*enk*)	(*enk*)	*enk*
A.	(*inki*)	(*inqis*)	(*enk*)	(*enk*)	*enk*

Die gotischen (auch alt- und angelsächsischen) Formen mit *i* stimmen nicht zu den noch im Bayrischen bewahrten mit *e* (was nur Umlaut von *a* sein kann); im Ndd. (a. d. Sieg) *ink*.

Plural.

N.	*juz*	*jus*		
	jiz		*ir*	*ir*
G.	*iuwerô*	(*izwara*)	*iuwêr*	*iuwer*
D.	*iuwiz*	(*izwis*)	*iuw*	*iu*
A.	*iuwik*	(*izwis*)	*iuwih*	*iuch*

3. *sîn*, Sing.-Plur.

G.	*sîno*	*sîna*	*sin*	*sin*
D.	*siz*	*sis*	—	—
A.	*sik*	*sik*	*sih*	*sich*

Im Deutschen nur für Masc. und Neutr. gebr.

Die Scheidung aller Casus ist nur noch bei *ich* und *du* erhalten; bei *sein*, *wir*, *ihr* hat bald die eine, bald die andere Form die Alleinherrschaft im Dat. und Akk. errungen, *euch*, *sich* ist ursprünglich nur Akk. (Dat. *eu*), *uns* nur Dat. (Acc. *unsich*). In den Mundarten ist der Ausgleich nicht derselbe wie in der Schriftsprache; hier hat sich *iu* (*ui*, *eu*) nicht nur als Dat. und Akk. erhalten, sondern ist auch in den Nominativ gedrungen (Rhön, vgl. engl. *you*) ebenso *uns* (Riess).

Der alte Dual. *jit*, *enk*, *enker* ist noch erhalten im ganzen bayrisch-österreichischen Gebiet und vereinzelt nordwärts bis Reuss, nordwestlich im Westfälischen (z. B. in Remscheid, an der Sieg.)

Merkwürdige Neubildungen sind *dir* (*dös*) ihr (aus *sei-d-ir*, *habt-ir*): *wo-d-er seid*; *ns* (aus *habens*): *wo ns sán*; gleichfalls vom Schluss des vorausgehenden Verbums umgestaltet ist *mir* für *wir* (*habm-mir*).

Im Nhd. kommt als neue Form des Personalpronomens *Sie* (der Anrede) hinzu, das in der Mundart wie *'ihr'* den Akkusativ durch den Dativ ersetzt (*Ihnen* für *Sie*); wie *dihr* wird hier *tene* = *Ihnen* gebildet.

In unbetonter Stellung sind die Personalia in der Umgangssprache vielfach verkürzt *d'*, *d'r*, *'r*, *mr* für *du*, *dir*, *ihr*, *wir*, *sn* für *sein*.

§ 43. Possessive. [§ 24.]

Sie hängen enge mit den Genitiven der Personalia zusammen; der Genitiv *ir* wird schon im 13. Jahrhundert als deklinierbares Poss. behandelt.

Neben *unser* kommt die Form *uns*, *unsiu*, *unsez* vor, doch in Oberdeutschland seltener als nordwärts. Die Deklination ist bei allen Poss. die rein adjektivische. Die ohne Substantiv gebrauchten Nebenformen *meinig*, *deinig* sind im Mhd. noch nicht vorhanden.

§ 44. Demonstrative. [§ 25.]

1. **der** (Artikel). Die Deklination ist die der Adjektive. Von den Formen des Deutschen sind einige jüngeren Ursprunges; als Stamm-

form wurde *de-, di-* betrachtet und daran die gewöhnlichen Endungen gehängt.

Einiger Erklärung bedürfen folgende Formen:

der wofür älter *se*, got. *sa*, griech. *ὁ, d* stammt aus den übrigen Casus; *-r* aus Analogie von *wer* u. aa.

dê im mhd. verschwindend = got. *þai*, lat. *(is-)ti*, gr. *τοι*, dafür *die*, verkürzt *di*.

die masc. ahd. *dia* entweder aus *dê* (wie *kriachi* aus *krēki*) oder geb. wie die unten bespr. *diu, dio: di* ist Verkürzung in tonloser Stellung.

dên Dat. Plur. älter *dêm deam*, got. *þaim*; vgl. gr. *τοι-σι*, lat. *(is-)tīs*; neben *dêm* scheint in der Umgangssprache *diem* fortbestanden zu haben, woraus etwa bayr. *deam*.

diu fem. sing. wofür älter (got.) *sô* = gr. *ἡ, d* wie bei *der*, an den Pronominalst. *de-* ist die Femininendg. *u* (aus *ō* aus *ā*) angefügt; vgl. ob. *die* und lat. *ea;* wie das Fem. ist auch das Neutr. Plur. *diu;* der Akk. *die* aus *dea* wieder wie lat. *e-am* gebildet, nicht wie gr. *την* oder got. *þô*.

die Fem. plur. älter *dea* aus *de* + *ōz* (der Endung der Substantive), während got. *þōs* eine ältere rein pronominale Bildung zeigt (sanskr. *tās*).

dei im Neutr. Pl. neben *diu* wird mit dem Neutr. *zwei* verglichen.

Neben den vollen Formen kommen schon im Mhd. verkürzte vor: *'s, 'z, me* für *des, daz, deme*, besonders mit Präpositionen verschmolzen: *zer, zem, zen;* in der Umgangssprache auch *'m, 'n* für *dem, den*, woraus mit losgelöstem Vokalton schon seit dem 16. Jahrhundert und vielleicht noch früher *im, in* (*im König* = dem K.); hieraus vielleicht überhochdeutsch *in dem*, ja auch *in der* (*in der Frau mulieri* nicht *in muliere*); für *des* und *das* auch *es*, für *di* auch *d'*, das sich folgendem Konsonanten assimilieren kann: *b'männər* die Männer.

Anderseits sind die vollen Formen lange, teilweise bis zur Gegenwart erhalten: ausser dem kanzleimässigen *dero* in Mundarten *dera τῇ ταύτῃ*, vor allem aber neue Bildungen mit verstärkter Endung:

derer und *denen* als Artikel noch im vorigen Jahrhundert gebraucht, als Demonstrativ in beschränktem Gebrauch noch heute.

deren, dessen jezt nur substant. Pronomina, früher auch Artikel und adjektivische Pronomina, nach *denen* gebildet; *deren* früher auch = *αὐτῆς*.

1a. *ein* als Artikel ist schon mhd. Verkürzungen ausgesetzt; so wird es im Diphthongen reduziert und *ein* geschrieben, wo sonst *ai* für got. *ai*, steht; die nächste Stufe ist einfacher Vokal *ā-, ə* oder *ä*, so schon frühzeitig in *anander* für *einander* und darnach umgekehrt *einlain* für *allein*. Die übrigen Verkürzungen sind *eineme* > *eime* oder *eim*, jetzt ma. *əmə* oder *mə, ein* aus *einen* jetzt *ân, ən* (*'nen* scheint nicht alt); einem nicht belegten mhd. *eire* (aus *einre*) entspricht neues *ara*, *ere*, bayr. *ur;* nur alemannisch scheint *as* für *einez* (attributiv). Bayr. wird auch das unflektierte *a* (ein) durch alle Kasus gebraucht.

2. **diser** ein zusammengesetztes Wort, von dem ursprünglich nur der erste Teil — das Pronomen *de-* — deklinierbar war (wie in *hic*, ὅδε), der zweite eine demonstrative Partikel ursprünglich wohl von der Form *se*. Neutr. sg. *-ti*. Noch im Ahd. sind Formen der älteren Art häufig; *dese* dieser, Gen. *desse*, Neutr. *dizzi*, aber auch schon *deser*, *disiu*; im Mhd. nur noch ein altes Neutr. *ditze* neben *diz* und selten *dinsiu*. Im Mhd. ist als Stammform *dis-* angesehen und daran sind die Pronominalendungen gehängt. Der Gen. pl. *dirre* (ahd. *dirro*) aus *der-ero*, ebenso Gen. Dat. Sing. des Femin. aus *derera*, *dereru;* dagegen ist d. nom. sg. *dirro* (selten), *dirre* im Ahd. wohl durch Übertragung, nicht durch rein lautliche Entwicklung zu erklären. Übrigens ist *dirre* = *dieser*, οὗτος nicht häufig und es kann sich im Mhd. auch aus *derer* gebildet haben, das in Ostfranken und bei Otfrid vorkommt, da auch aus *keiner* *keinre* aus *unserer* *unserre* wurde (alle drei um 1300 in Würzburg gebraucht). *Dirre* ist noch im 16. Jahrhundert zu finden. Neuhochdeutsch ist *dies-* der regelrecht deklinierte Stamm; das Neutr. *diess* ist aus dem spätmhd. *disez*, nicht aus *ditz* entstanden.

3. **er si ez** = lat. *is, ea, id*, ahd. *ir, si, iz*. Die Endungen wie bei *der*. Beim Femin. (und Neutr. Plur.) ist die Form *siu* gebildet wie *diu*, *sî* alte Kontraktion (vgl. lat. *quae* aus *qua + i*, *haec* aus *ha + i*); *si* ist Kürzung in unbetonter Stellung, verdrängt aber wie es scheint *sî* fast überall, da *sei* (aus älterem *sî*) sehr selten und dann vorwiegend im Akkus. (z. B. *si sei* = *ea eam*), jetzt fast ganz verschwunden. Die drei *sie* (*eam, ei, eae*) haben wieder verschiedene ahd. Grundformen (*sia, sie, sio*); *siu* lebt im Bayr. lange als *seu* und jetzt als *sui, sö*, im Schwäb. als *sui*, im Alem. als *sü* fort; im Schwäb. scheint das alte Verhältnis jetzt umgekehrt und *sui* besonders im Akkusativ *si* im Nominativ gebraucht zu werden (Schmeller Ma., § 732, Nachträge).

Verkürzungen des Pronomens sind schon mhd. häufig: *'r, 's, 'z* für *er, es, ez, s* für *si*. Neuhochd. ist nur *'s* (nach Vokalen und etwa *r*) zulässig: *weist du's;* in den Maa. aber sind die alten Kürzungen ziemlich allgemein, dazu *'m, 'n, 'r* für *ihm, ihn, ihr*. Aus *s = es* bildete sich vereinzelt (bayr.) wieder *si: si regnet*.

Die alten zweisilbigen Formen sind in der Schriftsprache bis auf das archaistisch-kanzleimässige *ihro* verschwunden, in den Mundarten kommen *ire, ime* als *ara, ra, eme, me, na* (*sags na sage es ihm*) vor. Dazu sind neue Formen wie bei *der* gebildet: zu *in eum* (nur in Mundarten): *ihnen 'na;* zu *ir:* ihrer (Genit., Sing., Pl.) mundartl. *rer* auch = αὐτῇ; zu *in eis:* ihnen.

Bayr. *ean, eam, eana* für *ihn, ihm, ihnen* hat sein *ea* wohl von *deam* erhalten; doch ist eine Brechung vor *m, n* nicht ganz ausgeschlossen. Es ist lehrreich zu beobachten, dass bayr. *eam* = ihm und ihn und auch = ihnen sein kann, nur nicht = Ihnen, Sie (Akk. in der Anrede), das nur *eana* heissen kann. Auch in anderen Maa. wird 'ihnen' für Sie gebraucht.

Im Bayr. ist zu 'ihnen' ein neues Possessiv *eaner*, *eananer* gebildet.

3a. Der Stamm *hi* (lat. *hic*) ist nur noch in *hiure* (*hiu jâru*), *hînt* (*hi-naht*), *hinte* (*hiu tagu*) und in Adverb. *hier*, *her*, *hin* erhalten.

4. **jener,** die Nebenform *gener* (*gensit*) scheint weiter verbreitet als sonst *g* für *j*; heute wohl im fränk. *gest* = jenseits; *ener* hat sich in Adverbien (ahd. *enont*) wie *enthalb*, *enter* (drüben, jenseits) erhalten.

5. **sëlp,** das stark deklinierte Pronomen ist nhd. nur in den erstarrten Formen *selber* (früher auch daneben *selbert*) und *selbst* (mhd. *selbez* und *selbes*, letzteres adv. Genit.), in den Mundarten auch *selben* (bayr. *selm*), die alle drei schon mhd. adverb. gebraucht wurden; *selbsten* ist aus *selbst* und *selben* gemischt. In der Bedeutung des hochd. *selbiger*, *jener* kommt *selber* (*seller*) in adj. Dekl. in Mundarten allgemein vor.

6. **sölch,** nach § 15 vor vokalischer Endung auch *sölh-* (*sölher*), umumgelautet wohl nur einem engeren Gebiet eigen; *selch* vielleicht im Anschluss an *welich*. Mit *sölch* ist oft *ein* verbunden, daraus *sölhein*, bayr. *sölan*. Neben *sölch* ist häufig *sötân*; eine Mischform aus beiden ist *söttan* und *sött*, beide verbunden in *söttan* (bayr.) und *sötlan* (ebd.), wenn letzteres nicht aus *sötenen* (wie *sammeln* aus *samenm*) entstanden.

Neu als Demonstrative sind: *derjenige* (nur schriftsprachlich) dem aber andere wie: *der daige*, *der hieige* eine Zeit lang zur Seite gehen, und *derselbe*, *derselbige* in der Bed. *is*. An der Grenze der pronominalen Verwendung stehen heute Adjektive wie *betreffend*, *genannt*, *beregt*, *besagt*. Eigentümlich sind die bayrischen Demonstrative (s. z. Schmeller, M. § 749) *derl*, *dassl* die vielleicht nach den Adverbien *dal*, *enhl* (aus *da-halb*, *en-halb*) gebildet sind, und *dersn*, *densn*, *dassn* (vgl. ahd. *hera-sun* hierher, oberfränk. *hassn* diesseits), deren zweites Glied vielleicht uraltes Bildungsmittel ist.

§ 45. Fragepronomina. [§ 26.]

1. **wer,** ahd. *hwer*, urd. *hwiz*, lat. *quis*, Neutr. *waz*, ahd. *hwaz*, urd. *hwat*, lat. *quod*. Der Instrum *wiu* des Neutr. ist bayr. als *weu* jetzt *wö* (zumal *zwö* wozu, warum) erhalten; *wie* ist kein Kasus von *waz*, sondern von einem davon abgeleiteten Adjektiv. Auch bei *wer* ist mundartl. der Dat. für den Akk. und umgekehrt *wen* für *wem* gebraucht. Für *wessen* ist früher *wesses* gebildet.

2. **wëder,** ahd. *hwedar*, got. *hwaþar*, lat. *uter*, gr. (mit anderem Ablautsvokal) πότερος. Heute ist der Stamm nur als Konjunktion gebraucht (*weder -noch*, s. die Indefinit.).

3. **welich,** vor vokalischen Endungen auch *welh-* (daraus *weller*), entspricht dem *solich* in der Bildung nicht ganz (diesem gleich vielmehr nur ahd. *wiolih*).

4. *was für einer*, eine junge Bildung; ursprünglich nur Akkusativ: was gibst du für (= als) einen Lohn (und: was kommt da für ein*en* Boten). Ältester Beleg aus dem 15. Jahrhundert.

§ 46. Eigentliche Relative [§ 27]

(entsprechend dem griech. ὅς) kennt das Deutsche nicht mehr. Sehr alt ist die Verwendung des Demonstratives *der* als Relativ (auch der Konjunktionen: *dô* = lat. quum, *danne* = lat. quam, *dâ* = ubi). Das beigesetzte *dâ*, *dar* (wohl verkürzt aus *dâr*, nicht = *dare* dahin) vergleicht sich dem griech. κε, angels. þe und nhd. *wo* (*der wo*). *Der* allein bedeutet auch oft siquis, wenn einer (Hildebrl.: *der mir die Weg tät weisen*).

2. Die Bildung *swer* (*swelch*) ist verkürzt aus *so-wer*, dem früher noch als eigentliche Relativpartikel ein zweites *so* folgte; das erste *so* ist = gr. ὁ(δ) aus σϜοδ (ὅπος, ὅσ-τις), das zweite hat die Funktion wie *dâr*. Die Formen *swer*, *swelcher* verlieren sich in mhd. Zeit allmählich, nachdem 'jeder der' 'wer immer' aufgekommen waren. Dem *swer* entsprechend wird auch *sweder* = wer von zweien gebraucht. Die Verwendung der einfachen Interrogative *wer*, *weder* ist jünger. Heute wird *weder* relativ = als (quam) gebraucht im Schwäbischen.

3. In älterer Zeit konnten Relativsätze auch ohne Relativpronomen angefügt werden (wie heute noch in den nordischen Sprachen); vor solche Relativsätze treten als Bindewörter gerne *sô* oder *unde* und erlangen allmählich die Bedeutung von Relativpartikeln.

§ 47. Indefinite. [§ 28.]

1. *man,* das Substant. Mann, *ieman*, auch *iemen* für *ie-ein-man*, *ie* (ahd. *eo* aus *aiw*) je, überhaupt. In Mundarten (z. B. bayr. *neamts*, auch *neamst*) wird scheinbar der Genit. Jemandes, Niemandes als Nomin. gebraucht (s. Deutsches Wörterb. 7. 826, No. 7; 4. II. 2302, No. 5 f.), früher galt die Form auch im Schriftdeutschen: sie ist Neutr. wie Verbindungen *jemand Hohes* oder *ein Fremdes* = eine fremde Person, *er ist etwas Tüchtiges* geworden zeigen; durch die Form soll die Gleichgiltigkeit des Geschlechtes hervorgehoben werden, während umgekehrt zur Bezeichnung des Geschlechtes aus der Form *niema(n) niemer*, Gen. *niemers* (schwäb.-schweiz. Mundarten) gemacht wurde; daraus endlich ist wieder mit demselben Abschluss wie in *Nieman-d: niemer-d* geworden. Von *ie-der-man* gilt was unten von *ie-der* bemerkt ist.

2. Die von *ein* gebildeten Indefinite sind sowohl adjektivisch wie substantivisch; *nechein* ahd. *nohhein* und *nihhein*: *nöh* = lat. neque, daneben mhd. *enchein*, woraus *enkein* und daraus — mit Auslassung der unbetonten Silbe *en*, die als die gewöhnliche Negation aufgefasst wurde -*kein*; *dehein* heisst quisquam, doch fällt es mit *nehein* zusammen,

so dass beide, *kein* und *dehein*, sowohl ullus wie nullus bedeuten können; verkürzt kommt *dehein* als *dhein* frühzeitig im Mhd. vor; es erhält sich in der Schriftsprache bis ins 16. Jahrhundert, mundartl. bis zur Gegenwart*) (in d. Schweiz neben *ekein* = *enkein* auch *tchein, thein;* auch schweiz. *hein* und fränk. *henst* = einst gehen auf *deh-* zurück); vielleicht ist auch das schriftdeutsche *dereinst* aus *decheinest* entstanden.

3. Die Bildung mit *ge-* und *lih* kehrt wieder in *täglich, järlich,* ahd. *tagalih, jârolih,* vollständig: *tago-, jâro- gilihh(es); ge-* hat hier die Funktion des lat. *que* in *quisque, -cunque;* — *etes-* (noch in nhd. etzlich), *ete-* sind unbekannter Herkunft; *iewelcher* ist kaum häufig, dafür heute eine Vermischung mit *jedweder: jedwelcher*.

4. *ete(s)wer* in den Maa. als *epper* (Neutr. *eppes*) und *etscher:* in der Schriftsprache *etwer* nur bis ins 15. Jahrhundert; zu *etwer* gehören noch *etwa* (urspr. irgendwo, mhd. *eteswâ, eteswâr*), ma. *eppe, epper; etwan* (irgendwann, irgendwoher, auch = ungefähr), ma. *eppet, eppen; etwie, etwelch*.

5. aus *weder* werden mit den gewöhnlichen Vorsilben *ie, ge, dech* Indefinita gebildet: *ieweder,* dekl. *iewederer, -wederin* alteruter, schon im 14. Jahrhundert *ieder* in Form und Bedeutung mit *ie der* (immer der, welcher) zusammengefallen; doch kommt *iederer* noch lange ins Nhd. hinein vor; die Silbe *ied-* in *iedweder* ist mit *jeder* nicht zu verwechseln, wenn sie auch für unser Bewusstsein damit zusammengefallen ist; *iedweder* ist Weiterbildung von *dehweder* und dieses geb. wie *dehein* ist = alteruter, mit *ein* verstärkt (wie unusquisque) *eindehweder eindweder,* nhd. *entweder***). Wie *kein* allein positiv vorkommt, so auch *weder* für *deweder* = einer von beiden. *Jegeweder* = jeder von zweien: kommt als *jegweder* = jeder noch heute mundartlich (z. B. im nördl. Würtbg.) vor. Mit Negation *ne-weder* oder *enweder* oder (wie *dehein* auch negativ ist) *deweder,* endlich (wie *kein* allein = nullus) *weder;* diesem aus *ne-weder* verkürzten *weder* entspricht das deutsche *weder* ***).

6. *ni-wiht* ist zu *niht* geworden, darnach entstand wohl erst *iht,* nicht unmittelbar aus *wiht,* da der Abfall von *w* im Anlaut sich sonst nicht findet; neben *iht* auch *iewiht, ieht,* aus dem es auch entstanden sein könnte; das einfache *icht* im schwäb. noch *it* (für *nicht*) hatte in der älteren nhd. Schriftsprache die Bed. etwa; weiter verbreitet blieb bis heute die verstärkende Wiederholung: *ihtes-iht* (überhaupt etwas) so schwäb. *ichzet, itset,* mitteld. *isset, ischten,* im Alemannischen mit Rundung des *i,* die vielleicht Nachwirkung des alten *w* von *wiht* ist, *ützit* (auch = Nichts). Allgemein ist *niht* (mhd. = Nichts!), in heutigen Maa. *nit, nüt;* dazu der Genit. *nihtes* = in keiner Beziehung,

---

*) S. die schönen Zusammenstellungen von R. Hildebrand im Deutschen Wörterb. 5. 450.

**) 'entweder ich oder du' heisst also nicht aut ego aut tu sondern: alteruter — (aut) ego aut tu.

***) 'weder ich noch du' heisst: neuter — (nec) ego nec tu.

der Dat. *nihte* (*mit n.*); die Weiterbildung *nihtes-niht* (*nütes nüt*) hat die mannigfaltigsten Zusammenziehungen erfahren: *nichts* allein, so hochd., (ma. *niks*), die übrigen Hauptformen *nichtzet, nischt, nist*, am meisten vom Alten beibehalten hat *ninks* (bayr. Wald) und *niksn* (bayr.)

7. *einander* ist schon mhd. fest verwachsen (wie *ἀλλήλους*).

[Anm. 2.] Die Deklination ist mhd. ganz die der Grundworte, aber bald trat eine Veränderung ein entweder durch Verdeckung des Auslautes (*jemand* erst später wieder hiezu *jemandes, jemanden*), durch Verkennung der Endungen (-*er* in *weder, jeder* als Maskulinausgang aufgefasst, *s* in *nichts* als stammhaft behandelt).

Im Nhd. sind neue Indefinite gebildet mit dem Worte *irgend*, das auf örtlichem Gebiet etwa dem *ie* des zeitlichen gleichkommt; *irgend* mhd. *iergen(d)* ahd. *io-hwer-gin* noch älter wohl *êo-hwâr-gin* an einem beliebigen Ort, überhaupt; neben *irgend* wieder eine Form *irgends* der unser *nirgends* gegenüber steht.

5. Bildung der Adverbien.

§ 48. [§ 29.] 1. Die gewöhnliche Adverbendung -*e* entspricht der lat. -*o* (*vero*) und wahrscheinlich der griechischen -*ως*. Die Adjektivstämme auf -*i* (*skôni-, vesti-, trâgi-*) zeigen im Ahd. beim Adverbien keine Spur des *i* mehr, daher auch der Mangel des Umlautes: *fasto*, nicht *festo*. Nhd. zeigen noch *gerne, stille, balde* die alte Bildung. Die Vorliebe für Adverbien auf -*lich* reicht bis in die Gegenwart (*neulich, freilich, nämlich, herzlich* nur bei Verbalbegriffen). Daneben auch Bildungen mit -*ingen*, -*lingen*: *rucklingen, gæhelingen*, später -*inges sitelinges, ärslinges*.

2. Bei den Kasus von Adjektiven die als Advv. verwendet werden, ist wohl durchweg — mit Ausnahme des Akk. Neutr. — ein Substantiv zu ergänzen oder das Adj. ist substantivisch gebraucht: *michels* etwa = *michels teiles anders* = *anders weges*, ähnlich *gâhes* plötzlich, vgl. nhd. *eilends, vorwärts*. Die Kasus waren konstruiert wie die der Substantive überhaupt: *michels lenger* wie *eines fuozes lenger*. Es ist zu erinnern, das Genit. und Dativ. ohne Präpositionen im Altd. viel freier (etwa wie im Griechischen) gebraucht wurden als im Nhd., vgl. *fluges* = im Flug. Die Adv. in *lichen* — bei denen zumeist *wec* zu ergänzen sein wird, mit dem lat. -*iter* zu vergl. — erhalten in der Verkürzung die Form -*ling* und daraus wird im Anschluss an die alten Bildungen auf -*ingen*, -*lingen*, -*lings*: *sunderlingen, stündlingen*. Die Endung *s* ist übertragen, wie überhaupt die als adverbial empfundenen Ausgänge, zumal die auf -*s* gerne übertragen werden, sogar *allerdings, schlechterdings*. Umgekehrt wird der Ausgang -*s* durch ein 'euphonisches' *t* verdeckt: *anderst, einst*.

3. Die Verbindungen mit Präpositionen werden oft entstellt oder verstümmelt, schon mhd. *bezite, enwec* für *bî-, in-*, dann *triuwen* (md.

auch *trûn*) für *entriuwen*, *wec* oder *hin wec* für *enwec*, *neben* für *en-eben* (in aequum); vgl. nhd. *entzwei* aus *en zwei* (in zwei).

4. Pronominale.

Fragend (u. relat.)	Hinweisend		Indefinit		
wie, ahd. *huueo* wie	*sô* (korrelat.), *sus* (dem.)		*etewie*		
wanne, *wenne* wann	*danne*, *denne*; *dô*		*eteswenne*,	*iewenne*,	
			wenne		
wâ, *wâr* wo	*dâ*, *dâr*, *dort*		*eteswâ*, *iewâ*,	*iergent*,	
			niergent		
	hie hier		*iendert*		
war wohin	*dare*, *dar*		*eteswar*		
	here, *her*				
wanne, *wannen* woher	*danne*, *dannen*, *danân*				
	dan von da				
	hinne, *hinnen*, *hin* von hier				
	enent, *enhalp*, *ensît*				

Bemerkungen:

1. *wie* aus altem *huuaiwô*, nicht zu verwechseln mit dem Instrum. *wiu*; *sô* wohl zu lat. *si-c*, gr. ὡς gehörig, nicht gleich dem *swâ*, *swê* anderer germ. Sprachen, wenn auch desselben Stammes (zu dem auch *sus* gehört). In der Bedeutung 'sonst' kommt häufiger neben *sus* auch *süst*, *sünst* vor, das in oberdeutschen Maa. noch vorherrscht; Umlaut und *n* sind rätselhaft; es wäre an *sus ni ist* zu denken, das auch belegte *susse* wäre etwa *sus-sî* (= wenn es nicht so ist).

2. *wanne* (ahd. *huuanna*, *huuenna*, *huuan*): die Scheidung wie bei nhd. *wenn* und *wann* ist der älteren Sprache fremd; neben *wanne* (doch in kausal. Bedeutung) = warum? auch *wande*, beide verkürzt *wan*; *wande* ist mit lat. *quando*, gr. πότε zu vergleichen, *wanne* (got. *huan*) mit lat. *quum*; *etewan* ist nhd. *etwan*. Die Herkunft des -*ne* und des Umlautes ist dunkel, letzterer ist auch niederdeutsch und angelsächsisch; *dô* entspricht lat. *tum*.

3. *wâr* hat das *r* nach § 15, 3 verloren; es ist = nhd. *wo* (o wegen des vorausgehenden *w*, vgl. Woge, Arg-wohn); *r* ist nhd. erhalten in *worüber*, *woran*; *dâr* ist verkürzt *dar*, *der*, *dr* (geschr. *dir*), wo es die örtliche Bed. eingebüsst hat und zur Verallgemeinerung von Relativen (s. § 46) verwendet wird; *dort* ahd. *darod dorod* scheint ursprünglich dorthin bedeutet zu haben; daneben wieder eine umgelautete Form *dört*, älter *dert* aus *darit*; *etwâr* nhd. etwa und ma. *epper*; heute oberdeutsch vielfach noch erhalten. Über *iergen*(*d*) s. ob. bei den Indefiniten. Die Bildung *iendert* ahd. *eonêr* erklärt sich wie *hernerde* hieher zur Erde, herab, *hienerde* hienieden, *eonaldre* unquam saeculorum, aus Zusammensetzung: *eo en êr* je auf (Erden; *êr* als selbständiges Wort ist im Ahd. verschwunden), das -*t* am Ende ist der gewöhnliche

Zusatz unbetonter Liquidae; das *d* in der Mitte wie in *minder* (aus *minre*); heute noch bayr. *eandert*, alem. *iendert*: **hier** verliert *r* wie *wâr*, urdeutsch *hêr* vom Stamme *hi-* (§ 44, 3a).

4. *war* ahd. *hwara*. Man beachte, dass *war* und *her* kurzen Vokal haben, *wâ(r)*, *hie(r)* langen.

5. *wannen, wan* ahd. *hwanân, hwanna* und *hwanana*, dazu *danân danana, dana* nhd. *von wannen, von dannen*, ferner *hinân, hina, hinana* nhd. *hin, von hinnen*.

6. *enent, enhalp, ensît* zu *ener* = *jener*; das erste rein adverbial (ahd. *enônt*, vergleichbar lat. *inde*), die anderen zusammengesetzt: *enhalp* (auf, von jener Seite, vgl. *minhalp*) heute bayr. noch als *echl* erhalten; *ensît* in der Form *gensît* fortgesetzt im fränk. *gest* (Gegens. *hest* d. i. *hisît* oder *hersît*).

§ 49. Steigerung der Adverbien. [§ 30.]

Steigerung ist ursprünglich nur bei Adjektivstämmen, und waren die Komparative hiezu gebildet wie die latein. Komparative *minus, magis*: got. *mais* mehr, *airis* eher, *haldis* mehr, eher, *framis* weiter, *mins* minder, *sips* später; die Endung, urgerm. *iz*, *az* musste ahd. abfallen daher *mê(r)*, *ê(r)*, *halt*, *min*, *sît* (später), *vram*, ebenso *baz* besser (aus *batiz*). Eine zweite Bildung ist der der unflektierten Adjektive gleich, nur dass der Umlaut meist fehlt, da die Endung ahd. hier *ôr*, nicht *-ir* ist: *langer, vaster*, so auch mit neuer Endung *mêr, sider, minner* (minre), *halter*. Eigene Superlativformen bestanden nicht, dafür das Neutrum oder eine Verbindung mit Präpositionen: *best, meist, êrest, ze jüngest, se underst, ze nâhest*. Endlich ganz wie im Positiv: *beste, êrste*. Die nhd. Art: *am besten, aufs beste* (dafür noch mundartl. *zum besten, im besten*) ist mhd. noch ungewöhnlich. Die fertigen Komparative und Superlative erhalten oft noch eigene Adverbendungen: *bestens, meistens, mindestens, ehestens*. Man bemerke, dass nur die Adv. mit Artikel wirklich superlative Bedeutung haben (vgl. franz. le plus!).

6. Konjugation.

§ 50. Flexionsmittel. [§ 31.]

Das Deutsche hat gegenüber den andern indog. und germ. Sprachen im Verbum viele Formen eingebüsst: so das ganze Passiv, das Futur, den Aorist, den selbständigen Konjunktiv. Vereinzelte Formen zeigen noch Reste einer grösseren Mannigfaltigkeit, so werden Praeterita wie wir *schrirn* (schrien), ahd. *steroz* (stiess) als Reste eines *-s* Präteritums aufgefasst (doch sind auch andere Erklärungen vorgebracht); so weisen die schwachen Präteritumsendungen auf eine andere Bildung als die starken, so dass man sie teils als Aoriste teils als medial bezeichnet hat. Mit den griechischen und lateinischen Formen verglichen sind die mhd. Modi und Tempora:

   Präs. Akt.: Indik. = griech., lat. Indik.
            Konj. = griech. Optativ (lat. nur in Einzelformen).
            Imper. = lat., gr. Imp.
            Inf. verwandt mit der griech. Bildung in -ειν.
            Partic. = lat., gr. Partic.
   Prät. Akt.: stark = griech. st. Perfekt, lat. Perf.; Konj. = Opt. (Aor.), schw. verw. dem griech. Aorist in $\vartheta\eta\nu$? Konj. = Opt. ($\vartheta\varepsilon\iota\eta\nu$). Partic. stark = griech., lat. Adj. auf νος, -nus wie δεινός gefürchtet, schw. = griech., lat. Partic. auf -τος, -tus.

Die durch besondere Formen nicht ausdrückbaren Zeit- und Modusverhältnisse werden im Mhd. z. T. aus dem Zusammenhang klar; sonst sind sie ausgedrückt

1. durch Umschreibungen und zwar

temporale: der Durativ durch das Particip ich bin, was varnde, der Inchoativ ich wirde varnde, wart v.; diese Umschreibung wird seit dem 13. Jahrhundert (zuerst aber selten) gebraucht für das Futur, dies wird auch umschrieben mit dem Infinitiv *ich wirde varn* (12. Jahrhundert, aber gleichfalls im Mhd. noch selten), eigentlich = ich komme in die Lage zu f., ich muss; dazu *ich bin varn* (besonders schwäbisch) = ich bin in der Lage zu f., später mit der Participialkonstruktion vermengt. Die gewöhnliche Form des Futurs ist *ich wil* oder *ich sol varn* (wie englisch, dänisch); das Perfekt und Plusqupft. wie nhd.

modale: die Umschreibung des Konjunktives mit würde ist ungewöhnlich, ebenso die des Optatives mit möge, dagegen ist *müeze* bei Wünschen häufig: *got müeze geben* = deus det! und *solde, wolde* zur Bildung von Conditionalen, auch sonst werden Hülfsverba zu modalen (hypothetischen) Umschreibungen mannigfaltig verwendet.

2. Durch beigesetzte Adverbien die Zeit und Modus andeuten (*morgen, balde, êrste, jâ* u. s. w.), ähnlich wird das erstarrte *wæn* zum Ausdruck potentialer Behauptungen verwendet.

3. Durch Vorsilben: die allgemeinste Verwendung hat *ge-* (lat. con- in dessen sämtlichen Bedeutungen): es drückt Eintritt und Vollendung aus, Präterita in Nebensätzen erhalten dadurch die Bedeutung des griech. Aoristes (*dô er gesach* = ἐπεὶ εἶδε, cum conspexisset); futurische Präsentia die des Fut. ex.: *swenne ich gesihe:* cum videro. Verba, die an und für sich schon Vollendung anzeigen, nehmen *ge-* (auch im Particip) nicht vor sich, so vor allem *komen, werden*. Dieselbe Kraft wie *ge-* haben auch die Vorsilben *er-, be-*: *ersach = gesach, beschach = geschach*, seltener auch *ver, (der = durch,) zer, ent-*. Ihnen fehlt denn auch das *ge-* im Particip und wo es sonst vor einfache Stämme treten konnte.

Das Passiv hatte im Gotischen doppelte Form: die des alten Mediopassives: *nimada = νέμεται* und eine besondere Stammbildung: *fullnōn* gefüllt werden (voll werden). Daneben trat aber schon Umschreibung mit Hülfsverben. Im Deutschen war nur ein umschreibendes Passiv möglich; zunächst *ich bin* und bald auch *wirde geslagen* im Präs., *ich was* und *wart geslagen* im Prät., später wird die Bedeutung des Participiums ausschliesslich und entschieden perfektisch (nicht = τυπτόμενος sondern τετυμμένος), so dass also *ich bin gesl.* = τέτυμμαι, *ich was g.* τετυμμένος ἦν bedeutet wie im Nhd., für das Präsens und erzählende Präter. wird dann ausschliesslich *werden* verwendet, erst spät (Nhd.) kommt '*worden*' zum Particip hinzu. Ansätze zur scharfen zeitlichen Sonderung von *werde* und *bin* finden sich schon im Ahd. (Otfried).

§ 51. Bildung der Verbalstämme. [§ 32.]

Der Stamm der starken Verba enthält die Wurzelsilbe*), die auf einen Vokal der Ablautreihe ə e a ausgeht: *stig-, stigi-, stiga-, stigō-, stigē-* (aus *stiga + i*). Zur Bildung des Präsens wird die Wurzelsilbe oft durch einen Konsonanten oder *j* hinter, seltener vor dem Wurzelkonsonanten erweitert (wie gr. λαμβ-, καμν-, φθειρ- aus φθερj-, lat. rump-, capi-): *stand* zu *stad-, heb-* aus *habj-, schepf-* aus *skapj-;* meist ist die Präsensform auch auf das Prät. und Partic. übertragen worden, so wohl bei allen Verben auf Doppelkonsonant: *fall-, bind-* (sanskr. *badh*, vgl. *Bast*), *sink-* (*sickern*).

Die drei Grundformen des starken Verbs verdanken ihren Unterschied der wechselnden Betonung s. unt. Das Partic. auf *-n-* ist erst durch spätere Erstarrung des Systems den starken Verben eigentümlich geworden, von Anfang an konnten diese auch Partic. auf *-t* bilden (so sind *alt, tot, kalt* alte starke Partic.), wie umgekehrt schwache Partic. auf *-n* möglich gewesen sein dürften.

Die schwachen Verba sind von Stämmen (Verbal-, Nominalstämmen) auf *-e* (*-i*), *-ā* (germ. *-ō*), *-ē* oder auf Konsonanten gebildet; das Präsens der ersten Klasse (Stämme *nase-, daili-*) hatte durchaus *j* (also *ijō*, daraus *iō* oder *jō*), die zweite (Stämme wie *salbō-*) hat im Deutschen das ohnehin wohl nie allgemeine *j* fast vollständig eingebüsst (Ausgang ahd. *-ō*), in der dritten (Stämme wie *habē*) sind geringe Spuren davon erhalten, dass der Ausgang *-ē* (Präs. *-ēmi* und *ējō*) mit *-ā* (Präs. *-ajō*) wechselte. Im Prät. ging urgerm. der Stamm auf *i, ō, ē, a*, oder auf Konsonanten aus. Ablaut kennen die schwachen Verba nicht, sie stellen also eine viel mechanischere Bildung dar. — Die Endungen des Präsens sind von denen der starken Verba ursprünglich nicht verschieden. Das Präteritum hat die Endung *-te* (ahd. *ta*). Diese hat verschiedene Beurteilung gefunden: nach dem got.

---

*) Die aber sehr oft selbst schon zusammengesetzt ist *fliozan* hat neben sich das einfachere lat. *plu-it*, griech. πλε-ω; *giozan*, gr. χε-ω; *stad*: *sta*.

Plur. auf -*dêdun* dachte man frühzeitig an Zusammensetzung mit dem Verbum thun, dann nahm man Ableitung vom Participium auf -*t* an, jetzt neigt man dazu, in dem -*te* (ahd. -*ta*, got. -*da*) eine mediale Bildung, gleich dem griech. Aorist auf $\vartheta\eta\nu$ zu suchen, dessen Zusammenhang mit dem Verbum $\tau i \vartheta \eta \mu \iota$ (deutsch *thun*) nicht unwahrscheinlich ist. Der Accent scheint bei den schwachen Verbis wenigstens im Präsens auf der Endung gelegen zu sein: *nasêjō* (nem. *hâren*, *erfrüren*, *leiten*, *sagen*, *dagen* zeigen Walten des Vernerschen Accentgesetzes). — Je weiter man die Verbalbildung über das Germanische rückwärts verfolgt, desto mehr fliessen die beiden Klassen ineinander. Die saubere z. T. willkürliche Scheidung ist ganz und gar germanischer Entwicklung zu verdanken.

Die gemischten Verba haben altes starkes Präsens (oder als Präsens starkes Perfekt), dazu ein Präteritum auf -*te*.

1. Starke Verba im Mhd.
§ 52. Stammformen. [§ 33.]

Bei den 5 ersten Klassen ist die alte Vokalabstufung wie sie in $\varepsilon i \delta \omega$ $o i \delta \alpha$ $i \sigma \mu \varepsilon \nu$, $\gamma \varepsilon \nu(\eta \sigma o \mu \alpha \iota)$, $\gamma \varepsilon \gamma o \nu \alpha$, $\gamma \varepsilon \gamma \alpha \mu \varepsilon \nu$ (aus $\gamma \varepsilon \gamma \nu \mu \varepsilon \nu$) steht klar zu erkennen.

Das Präsens hatte der Regel nach Stammbetonung, helle Vokalstufe (ganz wenige Ausnahmen mit Endbetonung und entsprechender Schwächung des Stammvokales).

Prät. Sing. dunkle Vokalstufe mit Stammbetonung oder Betonung der Reduplikation.

Prät. Plur. und Optat., sowie Partic., schwache Vokalstufe mit Endbetonung. Die Betonung der Endung ist noch aus dem Walten des Vernerschen Gesetzes erkennbar. Die Verba hatten sämtlich Reduplikation im Perfekt. Dieselbe fiel meist spurlos, nur in der 1. und 2. Klasse scheint sie in der 3. Grundform sich bewahrt zu haben (got. *sêtum* wir sassen aus *ses'tum*).

In der 6. Klasse (*var — fuor*) ist die ursprüngliche Stammabstufung und sind die alten Accentverhältnisse kaum mehr zu ermitteln, da in ihr verschieden ablautende Stämme vereinigt sind (*far* = gr. $\pi o \varrho$-, *wahan* zu *vocare* und $\ddot{\varepsilon}\pi o \varsigma$, *hab* = lat. *capio*). Bei einem Teil ist das *a* des Präsens starke Stammform und ist Stammbetonung im Präsens durch den Konsonanten (*slahen* mit *h*, nicht *g*) erwiesen, im Partic. dagegen ist derselbe Vokal mit dem grammatischen Wechsel (*geslagen* mit *g*), der auf andere Betonung hinweist, verbunden, endlich im Präterit. (Ind. und Konj.) eine starke Vokalstufe mit schwacher Konsonantenstufe (*sluog*, daneben *sluoh*, Pl. *sluogun*) verbunden. So fehlt wenigstens im Prät. jeder Parallelismus zu den vorigen Klassen. Man vergleiche aber die griechischen Perfekte $\ddot{\alpha}\nu\omega\gamma\alpha$ zu $\ddot{\alpha}\gamma\omega$.

In der 7. Klasse ist die Gruppierung die gleiche wie die in der 6.: Präs. und Participium Prät. stimmen in der Vokalstufe überein (*heize, geheizzen*), die übrigen Formen des Präter. unter sich ebenfalls (*hiez*); diese und das Partic. in der Konsonantenstufe (*fienc, gefangen*), so dass sich die alte Betonung auch hier nicht klar erkennen lässt. Die Geschichte der 7. Kl. ist aber ganz verschieden von der der 6. Die 7. hat nämlich noch im Gotischen im Präteritum Reduplikation, Ablaut nur bei einem Teil der Verba (*hehait*, aber zu *lêtan lelôt*). Im Althochdeutschen sind (wie auch im Nordischen, Angelsächsischen) die zweisilbigen Formen des Stammes zusammengezogen, entweder zu *ia* (wenn der Stamm *a* enthielt *lâzen liaz*) oder zu *io* (wenn der Stamm *o, u, au* enthielt *hruofan, hriof*). Im Mhd. ist *ia* und *io* in *ie* zusammengefallen, also die frühere Einheit wieder hergestellt. — Die Betonungsverhältnisse sind in unserer Klasse nur insoweit klar, dass das Präsens Stammbetonung hatte (*fâhan* mit harter Spirans), das Prät. und Partic. nicht (*fiang, gifangan* mit Media). Im Prät. scheint die Reduplikationssilbe den Ton gehabt und auch im Urdeutschen noch bewahrt zu haben, weshalb vielleicht hier die Reduplikation im Gegensatz zu Kl. 1—6 erhalten blieb.

Ausser den Ablautsunterschieden und der Entwicklung der reduplizierenden Verben ist noch die Veränderung bei Verben, die ihr Präsens mit -*j* bildeten und die Wirkung folgender Laute, zumal der Umlaut zu beachten. Erstere liegt vor zumal in der 1.—3. und in der 6. Klasse: *sitzen* aus *sëtjan* (*tz* und *i* statt *z* und *ë* weg. *j*), *ligen* aus *legjan* (*i* st. *ë*); *schepfen* aus *skapjan* (*pf* statt *ff*, *e* st. *a*), *heben* aus *habjan* (lat. capio). Wirkung von *m* und *n* (derselben Silbe) in *bringen, swimmen, binden* (*i* st. *ë*); Wirkung von *i* in allen Formen, die *i* in der Endung hatten (ahd. *gibis, gibit* und Imper. *gib* aus *gebi, hulfi* Konj. Prät. gegenüber *geholfan* im Partic., *ziuhis* neben *ziohan*); von *u* in der 1. Sg. *gibu* (s. ob. S. 18), Umlaut wieder, wo ahd. *i* erhalten blieb: *ferist, ferit* (Präs. Ind.), *gæbi* (Konj. Prät.).

Man unterscheide die alten indogerm. Wechsel (Ablaut)
  geb — gab, far — fôr (*fuor*), *snîd — sneit*,
von den jüngeren germanischen
  geban — gibis, hulfum — geholfan, ziohan — ziuhis
  ('Brechung'),
und den jüngsten, deutschen
  faru — feris, gâben — gæbi, flugen — flüge (Umlaut),
  heizen — hiez;
und hiervon die besonderen Bildungen: *schepfen* (neben *schaffen*); *heben* (statt **hafen*), *ligen* (st. **legen*), *binden* (st. **bënden*).

§ 53. Paradigmen der starken Verba. [§ 35.]

1. Präsens.

Indikativ.

		urg.	got.	ahd.				
Sing.	1	ō	a	u	tiuha	ziuhu	ziuhe	(vgl. lat. ō, gr. -ω)
	2	isi	is	is	tiuhis	ziuhis	ziuhest	(vgl. lat. -is, gr. εις)
	3	idi	ip	it	tiuhip	ziuhit	ziuhet	(vgl. lat. -it)
Pl.	1	omez	am	amês	tiuham	ziohamês	ziehen	(gr. ομες)
	2	edez	ip	et	tiuhip	ziohet	ziehet	(gr. ετε)
	3	andi	and	ant	tiuhand	ziohant	ziehent	(gr. ουσι, lat. unt)

Konjunktiv (Optativ).

Sing.	1	(au)	au	e	tiuhau	ziohe	ziehe	
	2	aiz	ais	ês	tiuhais	ziohês	ziehest	(vgl. gr. οις, lat. -īs)
	3	aid	ai	e	tiuhai	ziohe	ziehe	(gr. οι, lat. īt)
Pl.	1	aime	aima	êm	tiuhaima	ziohêm	ziehen	(gr. οιμε-)
	2	aide	aip	êt	tiuhaip	ziohêt	ziehet	(gr. οιτε)
	3	aind	aina	ên	tiuhaina	ziohên	ziehen	(gr. οιεν)

Imperativ.

| Sing. 2 | -i | — | — | tiuh | ziuh | ziuh | (gr. ε, lat. e) |

Infinitiv.

| deklin. | anam anjes- | an | an ænnes | tiuhan ziohan ziehen ziohannes ziehennes |

Particip.

| and- andi- | anþ- | ende fem. tiuhandî | tiuhanþs ziohandi ziehende | (vgl. gr. -οντ- lt. -unt- -ent) |

2. Präteritum.

Indik.

		urg.	got.	ahd.				
Sing.	1	a	—	—	yaf	gap	gap	(οἶδα, γέγονα, lat. -i)
	2	{ þa { ī	t	i	gaft gâbi	(weist weist) gâbe	(οἶσθα, -isti)	
	3	e	—	—	gaf	gap	gap	(οἶδε)
Plur.	1	ume	um	um	gêbum	gâbum	gâben	(gr. αμεν, lat. imus)
	2	ud	uþ	ut	gêbuþ	gâbut	gâbet	(gr. τε)
	3	und	un	un	gêbun,	gâbun,	gâben	

Konjunkt. (Optativ).

	urg.	got.	ahd.				
Sing. 1	(iau)	iau	i	gêbjau	gâbi	gâbe	(gr. -ω,ν, lt. -erīm)
2	īm	îs	îs	gêbîs	gâbîs	gâbest	(gr. -ιης, lt. -erīs)
3	īþ	i	i	gêbi	gâbi	gâbe	(gr. ιη, lat. -erīt)
Plur. 1	īme	îma	îm	gêbîma	gâbîm	gâben	(gr. ιμεν, lat. -erīmus)
2	īde	îþ	ît	gêbîþ	gâbît	gâbet	
3	īnd	îna	în	gêbîna	gâbîn	gâben	

Particip.

-ana-z   ans   -an-êr gibans gigebanêr gegebener.

Bemerkungen zu den Endungen. Die Verwandtschaft mit den lat.-griechischen Ausgängen ist unverkennbar, wenn auch die Verteilung nicht ganz die gleiche ist. Deutlich ist noch die Unterscheidung zweier Gruppen, die z. B. im Griechischen bei Indikativ und Optativ bemerkbar ist, beim Präsens und Imperfekt. Die ahd. Endungen erklären alle Brechungs- und Umlautserscheinungen im Verbum ausser im Konj. Präs., für den auch das Gotische beizuziehen ist.

Die Endung *-est* für älteres *-es* in der 2. Pers. ist aus der Verbindung *gibestu = gibes-du* entstanden. Man beachte, dass im Mhd. der Plural verschiedene Formen für 1. und 3. Person nur im Indik. Präs. hat. Die auffällige Form der 2. Sing. Prät. *gäbe* ahd. *gâbi* wird gewöhnlich als Optativ aufgefasst, unterscheidet sich aber vom Optat. durch das Fehlen des *-s*.

§ 54. Bemerkungen zu den einzelnen Klassen. [§ 36.]

I. Vgl. zu den Leiteformen: gr. λέγω είλοχα, zu *gâben* (got. *gêbum*) lat. *sĕdeo, sĕdi; -ezzen* hat schon im Singul. *âz*, man denkt bei dieser Form an Entstehung aus *e-ata* (mit Reduplikation), *ēta*, woraus hochd. *âz*; wie *jehen* auch *jesen* gähren und *jeten* jäten. Hierher auch *queden* sagen 3 ps. *quit*, Inf. *koden* (= *köden?*), Prät. *quat* und *kot, kat* s. ob. § 10. Beachte Formen wie *gît = gibet, lît liget;* ferner den Wechsel von *h* mit *χ* bei *sehen sihst sich* u. aa. Verb.

II. Vgl. die griech. Leiteformen τρεφ-, τροφ-, τραφ-, φθερ-, φθορ-, φθαρ, zu unserer Klasse gehören alle mit einfacher Liquida schliessenden Stämme, eine Anzahl auf *-ch, st* und *ht* und mehrere einzelne, bei denen meist *r* vor dem Stammvokal steht. Auf Endungsbetonung weist das Verbum *komen* (schwache Form zu *quem-, quam*): ich *kume;* doch sind die Formen aus *quem-* und *quim-*, nämlich *kömen, kümst* u. s. w. häufiger, im Prät. sind die Formen *quam quâmen* im mittleren Deutschland, *kom kômen kâme* in Bayern, *kam kâmen kâme* im Südwesten vorwiegend, aber nirgends ausschliesslich gebraucht. Wie *komen* hat wechselnde Formen auch das seltenere *quëln* Qual leiden.

III. Griechische Parallelen wie zu II.

Anm. zu I—III: die Verba mit *e* dieser Klassen, wie *verderben, gellen, hellen, schellen, lesechen, queln* sind von den schwachen mit *e* zu sondern, im Nhd. sind sie ebenso wie die mit *i* und *e* (*brinnen, brennen*) oft zusammengefallen.

IV. Griechische Parallelen: λείπω, λέλοιπα, λιπων, lat. *video, vīdi*. In dieser Klasse ist der grammatische Wechsel besonders häufig. Eine alte (bis zur Gegenwart im Österreich. und im Vogtland erhaltene) Form ist *schrirn, geschrirn* zu *schrien*.

Anm. Die abgeleiteten schwachen Verba haben auch hier den Perfektvokal: *liden* gehen: *leiten, bîten* warten: *beiten, nîgen: neigen*.

V. Griechische Parallelen: ἐλεύθω, εἰλήλουθα, ἤλυθον; auch hier viele Beispiele mit grammatischem Wechsel. Die Verba mit *û* im Präs. werden meist als schwachstufige (mit Endbetonung, also wie *komen*) betrachtet. Die Unregelmässigkeiten der Verba auf *-iuw-* sind zum Teil durch Übertritt in die reduplizierte Klasse zu erklären (*houwen!*); die *ou* in *blouwen, geblouwen* sind die neuen Diphthonge aus *û*, die hier, vor Vokal in offener Silbe früher eingetreten sind, als sonst*): *blouwen < blûwen < bluwwum*.

VI. Griechische Parallele: ἄγω ἀν-ωγα, zu der Präsensbildung mit *-j- swern < swarjan, schepfen < skapjan, heben < hafjan* vgl. lat. *cap-i-o;* natürlich fehlt das *j* im Partic. Prät., so dass dieses und das Präs. nicht mehr zusammenstimmen: *geswaren, gehaben, geschaffen* (vgl. lat. *cap-tus*).

VII. Reduplizierte Klasse, got. *haldan hehald; lêtan lëlôt*, lassen, ahd. *haltan hialt, lâzan liaz, hruofan hriof, houwran hiu*, fränk. *hio*. Doppelkonsonanten werden nach dem langen Perfektvokal vereinfacht: *fiel, spien* zu *fallen, spannen;* s. § 15.

Der grammatische Wechsel tritt hier nicht nur im Plur. des Perfektes ein, sondern auch im Singular: *rienc;* das Präs. von *rähen hähen* hat im Urgerm. vor *h* ein *n* eingebüsst (wie z. B. *dâhte, brâhte* auch): **vanhan *hanhan;* so verhält sich *rähen* zu *gevangen* genau wie *queden* zu *gequeten*.

§ 55. Vermischung und Wechsel der Konjugationen.
[§ 36, Anm.]

Beispiele: *binden bant* und (schw.) *bunde*, ebs. *vinden, beginnen* (*begunde*); *swern* schwären, Prät. *swar* und *swuor, rehten* Plur. des Prät. *rähten* und *ruhten, zemen* ziemen Part. *gezomen* und *gezemen, lesen,* Plur. Prät. *lâsen* und *lâren, pflegen gepflegen* und *gepflogen, wëgen wac* und *wuoc*.

---

*) Wie sie denn im Alemann. und Mitteld. vielfach nur an solchen Stellen eintraten.

2. Die starke Konjugation im Nhd.

§ 56. Die Ablautsreihen sind nach langem Hin- und Herschwanken sehr vereinfacht worden, indem meist nur 2—3 Formen sich erhielten. Nur *werde ward wurden geworden* ist vollständig geblieben. In nieder- und mitteldeutschen Mundarten, wo das einfache Präteritum sich erhielt, ist der Ablaut bis auf den heutigen Tag viel besser bewahrt, z. B.: im Sauerländischen: *stele stal stälen stolen, spinne spann spunnen, scrîe* (schreiten) *screid scriden, geneite* (geniesse) *genaut genoten geneiten.* — In Oberdeutschland ging in der Umgangssprache das einfache Prät. im Indikativ ganz verloren, im Konjunkt. wurde es seltener gebraucht. In der Schriftsprache hielt man daran fest, musste aber oft, da die Umgangssprache keine Entlehnung gestattete, die nötigen Formen für den einzelnen Fall nach Analogie bilden. Dabei zeigt sich eine besondere Vorliebe für die Klasse *fare fuor* und für *u*, also z. B. *er sprung, numm, fuel, huelt, schluaf* (schlief). Noch 1769 klagt ein Pfälzer, dass man Perfekta wie *gewunn, fung, stohl, sonn* brauche. In den oberd. Mundarten bis hart an die Nordgrenze Bayerns hin*) sind heute nur die Konditionale mit *ä* (bayr. *â*) *gäb, käm,* in Bayern und Schwaben mit *u: war luss, g'wunn,* seltener mit *ie hiält, fial* noch erhalten; selbst das einfache *war* ist in Bayern fast ausgestorben und durch *wär* (Kondit.) ersetzt. Aber auch wo das einfache Prät. sich erhielt, ist die alte Mannichfaltigkeit geschwunden, so zumal in den Gegenden, die für die nhd. Schriftsprache den Stoff und die Gesetze lieferten, und zwar wurde hier **entweder** der Singular mit dem Pluralvokal versehen (Beispiele: *ich wurd* (daraus das schw. *wurde*), *sturb, schwumm, hulf, blib, trib, schub, schuss, frur, kruch*) **oder** der Plural dem Singular gleich gemacht *wir halfen, sprangen, bôten,* meist fiel Singular und Plural in der ersten Kl. schon in der Aussprache zusammen: *näm: nämen* für älteres *nam: nâmen.* Am Rhein und bis gegen Erfurt zu wurde für *u* in vielen Fällen *o* gesprochen: *holfen* für älteres *hulfen, gossen* für *gussen;* so war Partic. und Plural des Indikatives zusammengefallen. In der *u*-Kl. fiel so auch *goss* und *gossen* d. h. Sing. und Plur. zusammen und dem neuen Paradigma *goss gossen gegossen* schlossen sich dann auch die übrigen *u*-Verba an: *floue flogen geflogen* wurde *flog* u. s. w., um so eher als in manchen Gegenden ou = o gesprochen wurde.

Seltener ist Vermischung verschiedener Klassen eingetreten (vgl. oben *blub, luss, huelt*), meist hervorgerufen durch sonstige Übereinstimmungen, sogar wegen des Partic. *(ge)troffen* in österr. Maa. Präs. *triafen* und *troifen* (= treffen) nach der Analogie *gesotten: sieden.* Anlehnung an die reduplizierte Klasse ist bei den î-Verbis: *mied,* wir *mieden, trieb trieben* vorhanden; umgekehrt ist bei *scheiden* die Übereinstimmung

---

*) Im Vogtland, an d. Rhön beginnen die einfachen Präterita.

des Präsens (in der Schrift!) mit den ī-Stämmen dem Partic. verhängnisvoll geworden: *geschieden* statt *gescheiden* (aber *bescheiden*). Endlich ist die Klasse 'heben' (VI) mit der Klasse *fechten nëmen* vermischt worden: *hob* neben *hub, gehoben* neben *gehaben* (vgl. *erhaben*).

Die Klasse *gôʒ* verdrängt schon in mhd. Zeit vielfach die Kl. *flouc* (also *flog, bog*), auch im Bayr. und Schwäb. und herrscht zuletzt allein; von der Klasse *fahren* in die Kl. *geben* ist teilweise der Stamm '*stand*' getreten: *stand* st. *stund* (aber noch *stünde*, das beiden Klassen angehören konnte).

Zahlreich sind die Übergänge in die schwache Konjugation.

Die Umgestaltung in die neue — noch nicht abgeschlossene*) Konjugation — vollzog sich in verschiedenen Gebieten sehr ungleich. Am frühesten ist die Perfektform *floug* ausgestorben. Luther kennt sie nicht mehr, während Perfekta wie *schein, schrei, schweig* bei ihm die Regel bilden, auch *band, bunden* ist bei ihm gut erhalten, *scheiden* hat im Part. noch *gescheiden*. Auf etwas fortgerücktem Standpunkt steht Aventin: *grieff, schrieb* ist bei ihm häufiger, ebenso z. B. sie schwammen, er hulfft.

Bei Opitz (der eine besondere Vorliebe für das zusammengesetzte Perfekt hat) findet sich noch *empfund* und *schrey*, bei Schottel (17. Jahrhundert) kein Perfekt mit *ei* mehr, wohl aber der Pluralvokal *u* (*bunden*) vom Singular *a* (*band*) geschieden. Bei Gottsched gilt immer nur eine Form für beide Numeri, und das ist die Art der grossen Dichter des 18. Jahrhunderts: *sang sangen* oder *sung sungen*. Nur der Konjunktiv erhält sich häufig unabhängig: *fand fünde*, doch z. B. Herder braucht schon *fände* (aber *hülfe!* wohl weil *hälfe* dem Präsens in der Aussprache gleich geworden wäre). Der bayrische Grammatiker Braun (1765) führt schon fast ganz die gegenwärtige Regel durch: also auch *schwände*, aber doch *hülfe*. Alle Abweichungen sind auf Furcht vor irreleitendem Anklang an andere Wörter und Formen zu erklären: so wird vermieden: *ball, qual, schand, schände, schlang, schmalz* u. s. w.

In der Gegenwart sind die meisten Verba in der Bildung fest**), aber von einer grösseren Zahl wird Indikativ und Konjunktiv mit Widerstreben gebraucht (wenigstens in Oberdeutschland) und es ist nicht abzusehen, wie sich der Sprachgebrauch entscheiden wird, anscheinend wird das schwache Verbum noch mehr um sich greifen, wie denn heute schon viele schwache Formen in die starke Konjugation gemischt sind so *spaltete, bellte, hinkte, bannte* u. s. w.

Der Vokalwechsel im Präsens hat sich länger erhalten als der Ablaut im Perfekt. In der Kl. *geben* ist mhd. ich *gibe* (ahd. *gibu*) unangetastet, aber md. dafür *gebe*. Die nhd. Art stammt aus der Analogie der Klassen *schlafen, halten, fahren*, in der die 1 Sing. zum Plur.

---

*) Man denke an die unsichere Behandlung von *schwimmen, stehlen* u. aa. Verba, s. unt.

**) Durch den Reim gehalten ist die alte Form in: Wie die Alten sungen.

stimmt. Oberdeutsche Maa. haben noch: *ich gib;* im 16. Jahrhundert herrscht *i* vor, im 17. tritt *e* häufiger auf, im 18. ist es allgemeine Regel, ja in *gebähren, gähren* ist *e* (*ä*) auch in die 2., 3. Sing. gedrungen.

Der Wechsel von *ie* mit *iu* (*û, eu*): *ziehen, er zeucht**) ist mhd. noch so gut wie regelmässig festgehalten, auch noch bei Luther und oft im 17., 18. Jahrhundert (vor allem Klopstock) zu finden. Die Mundarten gleichen oft umgekehrt aus: bayr.-österr. neben *friasn* auch *froisn*, alem. *früse* mit *ü* (= mhd. *iu*) durchaus.

Der Wechsel von umgelauteten und reinen Vokalen war schon im Mhd. wahrscheinlich nicht durchaus festgehalten. Im Bayr. und Schwäb.-Alem. dringt in den Mundarten vielfach (doch nicht allgemein!) der Grundvokal durch: *er lasst, wascht*. In der Schriftsprache sind die Umlautvokale nur bei den ganz stark gebliebenen Verben erhalten, also *mahlt, salzt, spaltet;* doch auch *er haut*. Mundarten (auch oberdd.) haben noch heute hier Umlaut: *sälzt* u. s. w., ostfränk. (Vogtl.) auch *er hait*. — Der Umlaut von kommen (kömmt) ist mitteldeutschen Ursprunges; in Oberdeutschland kennen die bayr. und ostfränk. Mundarten nur *kummen* ohne Umlaut oder 2. Sing. *kimmst*, 3. *kimmt*, bayr. *kemmen, kimm, kimmst;* in Schwab. wird hier wie sonst für nasaliertes *u ò* gesprochen.

Der Konjunktiv Präteriti hat nach der Regel Umlaut; so auch in der nhd. Schriftsprache, die hierin mitteldeutschen Vorbildern folgt. Die oberdeutschen Maa. haben — soweit nicht ein schwacher Konjunkt. an Stelle des starken getreten, s. unt. — vielfach wohl *a* umgelautet (*näm', naem*), aber *u* unumgelautet (*fund, hulf, luss*) sowohl bayr. als alemann.-schwäb. und ostfr. — Die Formen mit *ö flöge*, (mhd. *flüge*), verdanken dies mitteld. (rheinischer) Sprechweise und sind gestützt durch die Indikative mit *o bot flog*. —

Sonstige Wechsel des Mhd. sind beseitigt: zu Gunsten der Perfektformen bei *vâhen, hâhen, friesen, kiesen;* ebenso Kontraktionen wie *lân, lât* (von *lassen*), *gît, lît;* oberd. Unterscheidungen wie *sehen: sixt, sikst;* grammatischer Wechsel (*gemieden*, mhd. *gemiten*), aber umgekehrt *zog* f. *zoch, fror* f. *fros*. Die Mundarten kennen diese Formen noch.

§ 57. Endungen.

Die oberdeutschen Formen ohne Endungs-*e* haben nur vorübergehend (14.—16. Jahrhundert, Ende des 18. in volkstümlicher Litteratur bei den Stürmern) vorgeherrscht. Seit den Schlesiern dringt *e* an alle Stellen, die es im Mhd. inne hatte und darüber hinaus vor; nur vor Konsonanten fehlt es im st. Verbum gewöhnlich: *gibst, gibt, hältst, hält, wird* (mhd. *wirdet*), *beut* (aber *bietet*, da die Stämme, deren Vokal gleich-

---

*) Die 1. Sing. ist wie bei *geben* dem Plur. angepasst, d. h. für mhd. *ich vliuge wir vliegen* nun *ich fliege wir fliegen*, Spuren schon im 13. Jahrhundert.

bleibt, eine deutliche Endung nötig haben, also *siedet, findet, kiesest*). Die Dichtersprache, überhaupt die gehobene Rede liebte bis ins 19. Jahrh. *e* auch in der 2., 3. Sing. *gibet, lässet, siehest*. Neu ist das *e* im Imperativ: *fahre, ziehe, gebe* verbunden mit den Konjunktivvokalen im Stamm; während *zeuch, beut, geuss* schon im 18. Jahrhundert verschwinden, hat sich nhd. *gib, nimm, hilf, sieh* (und *siehe*) erhalten, gestützt durch den Indikativ und nur wo dieser *i* hat; die als eine Art Interjektionen selbständig gewordenen Formen werden durch feste Redensarten und Verbindungen gestützt sich noch erhalten lassen; so auch *vergiss* (wegen *vergiss mein nicht*); dagegen wird bei Verben wie *stehlen, verbergen, werden* u. aa. die grammatische Regel sich nicht auf die Dauer bewähren.

In den Sing. des Perfektes drang *e* aus dem schwachen Verb und aus dem Präsens ein (das Paar *ich gib — gab* wird verjüngt in *ich gibe — gabe*). Dem Widerstreben der md. Mundarten nachgebend verzichtete die Schriftsprache noch im 18. Jahrhundert auf das *e*; nur die Dichter brauchen es als bequemes Mittel Senkungen im Vers zu erhalten bis ins 19. Jahrhundert herein, vor allem bei *sahe*.

Das Particip Präs. erhielt den mhd. Ausgang *e* (*-ende*) nicht mehr ersetzt, da es sich an die Adjektiva anschloss.

Von den übrigen Formen hat nur die 2. Sing. Prät. eine Änderung erlitten: den isolierten Formen wie *du gæb(e), flüg(e), füer(e)*, wurde im Anschluss an die Präteritopräsentia, an das Präs., an die schwachen Verba eine deutliche Endung der 2. Person gegeben: entweder an die alte Form: *du füerd, sæcht, gewunt* oder ganz neu *du fuerst, sahest, zohest*; die letztere Bildung errang die Herrschaft im Laufe des 15. Jahrh.

Die Vorsilbe *ge* war im Mhd. beim Particip fest geworden; nur wenige einfache Verba sind wegen ihrer Bedeutung, die entweder die Vollendung in sich schloss — wie bei *kommen* — oder sie ausschloss — wie bei *werden* — ohne *ge* gebraucht; im Nhd. ist *ge* Regel; nur bei *worden, lassen* und *heissen* als Hülfsverben pflegt *ge* allgemein zu fehlen — da es schon beim Hauptverb steht — ausserdem in der Dichtersprache. Die Komposita mit *er-, be-, zer-, ver-* haben in diesen Vorsilben einen Ersatz für *ge-*, allerdings schon im Präs. (schon das Präsens schliesst die Vollendung ausdrücklich ein); in Mundarten ist die Verwandtschaft noch deutlicher: bayr. *i ysich* = conspicio erblicke; vgl. übrigens *gelange, gestehe, gebähre*.

3. Schwache Konjugation.

§ 58. Stammformen. [§ 37, 41.]

Die mhd. Gruppenbildung ist von der alten sehr verschieden. Dies zeigen die gotischen und ahd. Formen.

Mhd. 1. Kl.	*legen*	*legete*	ahd.	*legen*	*legita*	got.	*lagjan*	*lagida*
	loben	*lobete*		*lobên*	*lobêta*		*luban*	*lubaida*
	salben	*salbete*		*salbôn*	*salbôta*		*salbôn*	*salbôda*
2. Kl.	*hôren*	*hôrte*		*hôren*	*hôrta*		*hausjan*	*hausida*
	denken	*dâhte*		*denchen*	*dâhta*		*pagkjan*	*pâhta*
	zellen	*zalte*		*zellen*	*zalta*		*taljan*	*talida*

Die **erste Klasse** umfasste 1. Verba mit -ô-*), 2. solche mit -ê- (älter ê und *ai*), 3. Verba mit -*i*- die im Ahd. das *i* auch im Präteritum festgehalten hatten, daher im Präteritum den Umlaut wie im Präsens zeigten: lauter kurz-stämmige wie *legen*, *denen*, *reden*, *senen*, *wenen* (gewöhnen), *crümen* (bestellen, fördern). Nach kurzer Silbe blieb das alte *i* im Ahd. erhalten (*framida*).

Die **zweite mhd. Klasse** umfasste 1. alle langsilbigen Verba mit -*i*-, die vor der Umlautszeit -*i*- im Präter. verloren haben (*hôrte*, ahd. *hôrta*), so *erben* (*arpte*), *enden*, *sûmen*, *lûhten*, *herten* (härten), 2. eine Anzahl *i*-Verba, die im Präter. nie *i*- gehabt hatten (vgl. lat. *hauri-o*; *haus-tum*), sowohl lang- als kurzstämmige, die also auch keinen Umlaut im Prät. haben können; vgl. got. ausser *pagkjan pâhta* noch *workjan worhta* (würken), *bugjan bohta* (kaufen), *brûkjan brûhta* (brauchen). Von der ersten Gruppe wird das Particip — zumal ohne Flexionsendung — häufig mit *i* gebildet, und hat dann auch Umlaut: *gehôret*, *gewendet*, *gerüemet* u. s. w. (aber *gehôrter*, *gewanter*, *geruomter*); diese Bildung ist bedingt durch den Nebenton, den hier das *i* hatte: *gihô'ridaz*, während im Perfekt Ind. der Nebenton auf der Endung lag: *hô'ridâ*. Wohl aus dem Partic. erst ist dann das *i* auch in den Indik. und Konj. getreten: *wendita*, und umgekehrt nach den unumgelauteten Formen auch das Partic. umgeändert: *gihôrt*, *giwant* u. s. w.

Die Gestalten der Konsonantenverbindungen im Prät. sind z. T. alt und lautgesetzlich, wie in *dâhte* (*kt* > *ht* auch gotisch, altnord., angelsächs.), oder jünger und durch Analogie bewirkt: so *dakte* für älteres *dahta* (deckte) im Anschluss an das Präs. *decken*, ebs. *satzte* statt *sazte*: die Formen mit Konsonantendehnung (*zellen*, *früm̃en*, *schütten*) oder deren Folgen (unvollständige Verschiebung: *setzen*, *decken*, *knüpfen*) gehören nämlich nur dem Präsens an (alt *tallian*, *frummian*, *skullian*, *sattian* aus *taljan*, *frumjan*, *skudjan*, *satjan* mit *j*, s. ob. § 18), während das Prät. einfache Konsonanz hatte (*talida* u. s. w.).

Bei wenigen Verben unterscheidet sich der Präteritumstamm vom Präsens noch durch 'Brechung': *würken*, Prät. *worhte* (*wurki : worhta*), ebs. *hägen : hocte* (denken), *fürhten : vorhte* (ebenso *scholde* zu *sülen*, s. unt. § 61); *o* wegen des folgenden *a*.

---

*) Vereinzelt kommt *o* auch noch mhd. vor. zumal im Particip: *ermorderôt*; das *ô* oder *ê* im Präs. ist in der Mundart (vor allem schwäbisch) als *e* fortgeführt worden. nachdem das alte *i* schon beseitigt war; nur so erklären sich die schwäbischen Formen wie *er heinet* u. s. w. auf die das *e* aus *ô*- oder *ê*-Verben übertragen sein wird.

§ 59. Die Endungen haben im Mhd. die alte Buntheit (*ich zellu*, *salbôm*, *sagêm*) eingebüsst und auch die Nachwirkungen alter Eigenheiten (*zellu zelis* aus *taljō talis*) werden durch Ausgleich meist beseitigt (*zeln*, *denen*, *zemen* durchgehends mit einfacher Konsonanz).

Die Endungen des Präteritums sind ahd.

	Sing. *nerita*	*neriti*
	neritôs	*neritis*
	nerita	*neriti*
	neritôm oder -*tum*	*neritim*
	neritôt „ -*tut*	*neritit*
	neritôn „ -*tun*	*neritin*

Das *i* des Optatives wirkte oberdeutsch nur da Umlaut, wo es von Anfang an neben dem Stammvokal stund: *dâhte* (got. *pâhti*-), *dûhte* aber *hôrte* (got. *hausidi*-)*). Im Mitteld. können die unumgelauteten Indik. alle den Konj. umlauten: *kente*, *wente*, *brente*.

Das Schwanken zwischen -*te* und -*ete* wird durch Ausgleich vermehrt; zu den alten Formen wie *dûhte*, *suohte* kommen nun nach mhd. Regel (s. § 5) *spilte*, *nerte*, *raste* (aus *rastete*), *redte*, *leite*, *kleite*, *seite*: nicht nur altes -*ta*, sondern auch -*ita*, *êta*, *ôta* wird oft durch -*te* vertreten.

4. Schwache Konjugation im Nhd.

§ 60. Das Schwanken der Stammform im Mhd. ist zu einfacheren Formen ausgeglichen worden. Die Klasse *hôre*, *hôrte* ist schon mhd. oft mit der Klasse *nern nerte* zusammengefallen. Ausser den Prät. auf -*nte*, *rte* hat keines den unumgelauteten Vokal beibehalten; bei diesen sind wohl die fest gewordenen Adj. und Substant. wie *Gesandter*, *bekannt*, *bewandt*, *gebrannt* Stützen des umlautlosen Prät. gewesen; wegen seiner Isolierung ist auch *dachte* (mundartl. *gedenkt*) und '*erlaucht*' (zu *erleuchten* mhd. *erlûht* zu *erlûhten*) erhalten geblieben, ein längeres Leben hat aus demselben Grund *gelart* (md.) gehabt; noch Herder braucht ferner *dauchte* (zu *dünken*). Unterschiede wie *wirken*, *worhte* sind dem Nhd. fremd.

Die umgelauteten Konjunktive sind vom Md. aus eine Zeit lang in allgemeinerem Gebrauch gekommen (*kennete*, *brennete* oder *bränte*), aber wieder geschwunden, nur *dächte*, *brächte* sind geblieben.

Die Endungen sind für alle Klassen die gleichen. Der überlieferte Unterschied von -*ete* und -*te* ist geschwunden und ein neuer ganz nach den Erfordernissen der Sprechbarkeit und Deutlichkeit geschaffen. In Oberdeutschland fiel das zweite *e* ab: *salbete* > *salbet*, darnach auch *hôret*, *suochet* (in Bayern gerne -*at*, besonders im 15. Jahrhundert);

---

*) Also wohl nur da, wo die Endung *i* keinen stärkeren Nebenton trug; der in Mitte stehende Vokal hätte den Umlaut nicht gehindert.

da der Indikativ des einfachen Präteritums ausser Gebrauch kam, galt die Endung -*et*, -*at*, geradezu als Konjunktivzeichen, das auch an starke Verba trat und als solches wird es heute in Bayern, Franken, weniger im schwäbischen Gebiet — vor allem im Elsass — gebraucht; als Indikativ ist *saget, holet* noch z. B. im Vogtländischen erhalten (auch von st. Verben z. B. *wuret, giehet, ziehet*).

Im Gebiet der Endungs-*e* ist dies auch im schwachen Verbum erhalten*); noch im 19. Jahrhundert steht daneben auch an vorletzter Stelle *e* (also *ete*), gern zumal in gehobener Sprache und dem Versrhythmus zu Liebe (*lobete, deckete, spielete*). Jetzt fehlt *e* hier in der Regel; nur wo der Stamm auf *d, t* ausgeht, wird, um die Endung genügend hervortreten zu lassen, das mittlere *e* regelmässig gesetzt: *fastete, redete, mietete*.

Die Vorsilbe *ge* fehlte ehedem auch bei schw. Verben; jetzt nur bei solchen die mit unbetonter Silbe beginnen (*belobt, begehrt* s. ob. § 57, *spaziert, halbiert*, mundartl. aber *gehalbiert, gepoliert*).

Die Mischverba wie *spalte* (schwach, dazu aber *gespalten*) sind meist ursprünglich stark. Seltener als der Übertritt aus der starken Konjugation ist der umgekehrte Tausch wie bei *preisen*, mhd. *prîsen, priste, weisen*; nur teilweise findet Übertritt statt z. B. oft bei *fragen* (*frägst, frug*); häufiger in md. Maa. neben *käufst* (was schwach sein kann), *kief* (nach *laufen*), *mechst, segt* (nach *trage*), dazu obd. der Konj. Prät. *miech* facerem, mundartl. *gewunschen, geforchten*.

5. Gemischte Konjugation. [§ 42—43.]

Die Konsonantenänderung von *bringen brâhte* vergleicht sich der von *denken, dâhte*; nur ist *bringen* starker Stamm; Präs. und Prät. unterscheiden sich also wie griech. μέλει, ἐμέλησε. Bei anderen Verbis ist der Wechsel jung und z. T. deutlich durch Analogie veranlasst, so ist *funde, bunde, wurde* aus dem Plural *funden, bunden, wurden* zu erklären, *beginnen* ist wohl beeinflusst durch das Präteritopräs. *gan gunde, houwen* durch *schouwen*.

§ 61. Die Präteritopräsentia. [§ 43.]

Die Verba dieser Klasse, zu vergleichen den lat. wie *odi memini*, dem griech. οἶδα, sind meist im Ablaut ganz regelmässig, so *weiz, touc, muoz, kan, gan, tar, darf*. Unregelmässig ist

1. **sol** neben *sal* und *schal*: *o* vielleicht aus dem Infinitiv *solan*. Pl. ahd. *sulum* (man erwartet *skûlum*, doch war hier keine Reduplikationssilbe vorhanden, aus der -ê-, ahd. -â- sich entwickeln konnte).

---

*) Es fehlt bei der 1. Sing. in der Poesie wie in der hochd. Umgangssprache besonders häufig vor Vokalen: *fasst' ihn, dacht' ich*.

2. mac Pl. ahd. *magum* statt des erwarteten *mâgum;* daneben wie *skal* (soll): *mugum*, Prät. *mahta* daneben wie von *skal: mohta*.

Der Vokal von *wesse* wusste ist wie der in *solte* aus *a*-Umlaut zu erklären (ahd. *wëssa*).

Sonst ist auffällig die weite Verbreitung des Umlautes: *wir künnen, süln, müezen* u. s. w. haben wohl den Umlaut von dem nachfolgenden *wir* (*kunnu-wir* heisst es ahd. eng verbunden), ebenso *ir künt*, vielleicht auch *si künnen*, darnach auch der Infinitiv; dem Konj. kam von Anfang an Umlaut zu (ahd. *kunni, megi, skuli, muozi*). Neben den regelrecht gebildeten Formen von *mac: megen* (ahd. *mag-*) und *mügen* (ahd. *mug*) kommt bald auch *mög* vor: meist nur für *meg* unter Anlehnung der Orthographie an *mohte* (der Umlaut *ö* für *e* kommt neben dumpfen Konsonanten früh vor); in Mitteldeutschland ist *mögen* wohl Umlaut von *mogen*.

Dem Präterit. kommt *st* zu bei *türren* (st. *türfen*): *torste* aus *dorz-da:* darnach auch *konste* (selten im Oberd.); bei *wizzen, müezen* ist die ältere Form *wisse* (*ss* aus *-tt-*), *muose* (*s* nach langem Vokal aus *ss*, dies aus *-tt-*), *wiste*, *muoste* sind *torste* u. aa. nachgebildet.

Lautlich erklärbar ist das *s* der 2 sg. *tarst, weist, muost;* vielleicht nur durch Analogie das in *kanst, ganst**) (sicher so im späteren *darfst, sollst*).

Nicht genügend aufgeklärt ist der Wechsel von *s* und *sch* in *sol***) (vgl. *Schuld, schuldig*); er ging anscheinend durch alle Mundarten, hielt sich aber am längsten im Bayr. und Ostfränkischen.

Das Ahd. und Got. hatte noch mehr Präteritopr., z. B. *man* Pl. *munum* = lat. memini, *ginah* es genügt.

§ 62. Mischkonjugation im Nhd.

Die Mischung starker und schwacher Formen nimmt im Nhd. zu, ausser *bringen brachte* kommen vor allem die oben erwähnten nur teilweise aus ihrer alten Klasse ausgetretenen Verba wie *spalten, salzen* in Betracht; von der Klasse *finde, funde* ist nur *werde, wurde* (doch auch *ward*) erhalten; noch nicht durchgedrungen sind die starken Formen wie *frägst, käufst, frug, kief, verwunschen*.

Die Präteritopräsentia sind eingeschrumpft; so ist *gönnen*, sonst ganz entwickelt wie *können*, nun schwach geworden, ebenso *taugen;* verloren ist *tar*.

Die erhaltenen haben sich in den Endungen ganz nach *kann* gebildet, also *mugst, darfst, musste* (alt *maht, darft, muose*), im übrigen durch westmitteldeutsche und alemannische Laute sich vom mhd. entfernt: so *ö* für *ü* (*können, mögen*, aber *dürfen*, da *ör* für *ür* als mund-

---
*) Vgl. aber *die kunst, gunst*.
**) Als Verstärkung werden sogar *sol* und *schal* verbunden.

artl. empfunden wird, vgl. *Först, Wörste), o für u (konnte, gestützt durch *sollte, mochte, aber durfte**), da auch *ur* für besser gilt als *or: Dorst).*

Eine besondere Entwicklung hatte *wissen*, Formen wie *wisse, wesse* ohne *t* verschwanden natürlich; aber auch *wiste* ist fast aufgegeben (häufig nur *g'wisst); wusste* konnte auf lautlichen Weg entstehen in Teilen Schwabens und des Elsasses, in der Pfalz; sonst ist es wahrscheinlich durch Analogie entstanden: das (wegen *w*) lautlich regelmässig entwickelte *wüsste* (schwäb., bayr., wohl auch sonst) wurde als Konjunktiv empfunden und dazu ein unumgelauteter Indikativ *wusste* geschaffen.

Die Participien: (*ich habe*) *können, sollen, müssen* sind nur in Verbindung mit Infinitiven gebräuchlich und hier den Verbindungen wie *ich habe heissen, lassen* angeglichen, wo das Particip ohne *ge-* dem Infinitiv gleich geworden war.

Die Mundarten haben auch die Präterpr. vielfach in altertümlichen oder selbständig weitergebildeten Formen; vgl. bayr. *kinna, kund', miyn, süln, ich sült; mäan müat,* schwäb. *sot* sollte, *somd* sollen. Vogtländ. *mir seln, ir set* u. s. w. Ebenso mannichfaltig sind die Formen der Übergangszeit vom 14.—16. Jahrhundert.

§ 63. Einzelne Unregelmässigkeiten. [§ 44.]

1. Das Verbum *wollen* hat drei Ablautsformen: 1. *wal* umgel. *wel* (lat. volo), 2. *wël*, vor *-i wil* (lat. velim), und 3. *wol-* (wie *half, helfen, geholfen*). Im Oberd. war der Präsensstamm *wilj-* (Ind. Sing.) und *walj-,* mhd. *well,* der Präteritumstamm *wol-*; im Fränkischen *wol* auch für *wel;* neben *wollen* nach Art der Präteritopr. auch hier *wöllen,* anderseits wurde auch das oberd. *wellen* (mit geschloss. *e*) bald, schon im 13. Jahrhundert *wöllen* (wegen des *w* wird *e* gerundet, vgl. oben *mögen*) geschrieben. — Das Verbum *wellen* ist ursprüngl. kein Präteritopräs., sondern ein Konjunktiv (= velim), so noch im Ahd. 2 ps. *wili,* nicht *wilt.* Im Nhd. hat *will* in den Endungen sich den Präterpr. angeschlossen; die Stammform *well* ist nur noch den Mundarten geblieben; die Herrschaft des *o* ist fränkischen Einflüssen zuzuschreiben.

2. *tuon,* Präs. wie bei den schwachen Verbis; ursprüngl. ein Verbum wie das etymol. entsprechende τίθημι (nur andere Ablautstufe und keine Spur der Reduplikation), daher auch die 1. Sing. ahd. *ih tuom,* mhd. *tuon.* Nach Art der Präteritopr. nimmt *tuon* im Plur. und Konj., überhaupt in den sonst gewöhnlich mehrsilbigen Formen Umlaut an: *wir tüen, si tüent (tüejen).* Das Prät. hat in der ersten Silbe *te-* sicher die Reduplikation bewahrt (ahd. *teta*); die Stammform *tät-* ist dunkeler Herkunft, im Partic. herrscht die Ablautsform von (τι)θη-(μι).

---

*) Doch noch Gottsched zieht *dorfte* vor, ebs. Herder.

Im Nhd. ist alles Besondere abgestreift, also im Präs. ein schwacher Stamm *thu-* regelmässig durchkonjugiert, im Prät. aus dem Plur. ein Stamm *tāt* und dieser wie *gab-*, *nahm* behandelt, archaisch ist *thet*, meist geschrieben *thät* (natürlich kein Konjunktiv!). Die Mundarten Oberdeutschlands haben dagegen das *-n* der 1. Sing. und den Umlaut (*tean* aus *tien*, *tüen* und *tiat*) bewahrt. Eigentümlich ist die Form wir *tunnen*), *tennen* in fränkischen Maa. mit doppelter Endung (vgl. unt. *stennen*), die schon im 14. Jahrhundert aus Bamberg zu belegen ist: *wir tüne*, vielleicht von dem gleichfalls alten Infinitiv *ze tuonne* (Speier 1304 *tunne*, Bamberg 1313 *ze tünen*) beeinflusst.

3. ***stân***, die Formen mit *a* sind in Oberdeutschland (besonders in Schwaben) die gewöhnlicheren, die mit *e* in Mitteldeutschland, aber nirgends allein gebraucht; *n* in der 1. Sing. wie bei *tuon*, vgl. gr. ἵστημι; der Stamm *stand* ist eine Weiterbildung von *sta*, ursprünglich vielleicht Reduplikation (vgl. griech. πίμπλημι zu πλη); *stuond* nach der Konjug. *varn fuor*. Jetzt gilt *stân* für archaisch; von den Mundaa. haben es vor allem die schw.-alemann., in denen auch noch *stand* als Präsensstamm vorkommt. Das heutige Perfekt *stand* ist (trotz des abweichenden Particips) nach *band* Pl. *bunden* gebildet worden, also *stuond stuonden* in *stand stunden* und daraus *stand standen*.

4. ***gân*** ist in jeder Beziehung parallel zu *stân*, nur ist das Präteritum von Alters her redupliziert, die Form *gie* ist nicht organisch verkürzt, sondern nach der Gleichung: *gangen: giene* = *gân: gie* gebildet.

5. ***hân***, die Zusammenziehung erfolgte wo das Wort als Hülfsverb gebraucht wurde. Neben den Fortsetzungen des ahd. *habêm* Prät. *hapta* (*hân hâte*) finden sich auch solche nach der Klasse *legen hebis hebit*, *gihebit*, *hebita*: in schwäb. und fränk. Maa. *hesch, het, he(b)m**), *hent, g'het*, älter auch *hête* (bayr.), heute als Konj. *hĕt*. Neben dem Prät. *hâte* aus *hab(e)te* kommt selten *heite* (wie *kleite* aus *klagete*) vor, häufiger wird aus Analogie zu *tâten* ein Sing. *hĕte* (reimend auf *tete*) und *du hĕte* gebildet (darnach auch ein neuer Plural *heten*), ein Konj. *hête*; endlich aus Analogie mit *lân liez* ein *hiet*, *hieten*, das heute im Bayr. als Konjunktiv gilt. Die Kontraktion erfolgte im Mhd. umfassender als im Nhd. also auch *ir hût*. Doch in neueren Maa. auch *g'hat*, *i ha* u. s. w. Die Verkürzung des *a* ist in den Maa. nicht immer durchgedrungen, also er *haut* neben *hot*. Die alem. Form *haigi* wird als Anlehnung an *eigen* betrachtet, ist aber wie *tüege* wohl lautliche Entwicklung, vor dem *i* des Konj. verhütet *g* (aus *j*) den Hiatus am leichtesten.

6. ***bin***. Das Verbum setzt sich aus den 3 Stämmen *bi*, *wes* und *es* zusammen; *bi* (woneben in der älteren Sprache auch *beo*) ist = lat.

---

*) Doch kann *hem* auch aus *hab-wir* durch Umlaut entstanden sein; das unten angeführte Prät. *heten* kann Anlehnung an dieses Präs. *hem* u. s. w. sein.

fi-o, fu-i, gr. *qu-*, *wes* scheint sonst als verb. subst. nicht verwendet, *es*, woneben auch *se* (-i) und *s*, = lat. s-um, es-t, gr. ἐσ-τι.

Zu den mhd. Formen ist zu bemerken:

bin ahd. *bim* mit der bek. Endung der 1. Sing. wie lat. *sum*, gr. *εἰ-μί*;

birn ahd. *birum* wohl mit demselben *r* wie einzelne Präterita (*skrirum* wir schrien), das gewöhnlich als Rest des -s- Aoristes angesehen wird; vielleicht erhalten im pfälz. *wir bin, se bin*.

wir sîn ist dem Konj. nachgebildet; es ist auffällig, dass diese Form dem *sind* der 3. Pers. hat weichen müssen; in den Maa. ist *mir sain, san* noch erhalten.

sît auch diese Form ist erst mhd. aus dem Konj. genommen; das nhd. *seid* ist nur orthographische Grille (überall = *seit* gespr.), um einen Unterschied von *seit* zu gewinnen, vielleicht gestützt durch *sind*, das sein *d* wegen des *n* hat (vgl. *kunde under*).

sie u. s. w. das *e* neu angefügte Konj.-Endung, ahd. nur *sî*.

bis aus den Stämmen *bi* und *wis* zusammengewachsen, lebt noch in Maa. fort.

wesen ehedem die einzige Form des Infinitives, nur noch im Subst. *wesen* = essentia und dem abgeleiteten *wesentlich* = essentialis.

wesende in Kompos. ab-, anwesend.

was der gramm. Wechsel zu Gunsten der *r*-Formen beseitigt wie in *fror, verlor*.

gesîn als *g'si* und *gsei* im schwäb.-alem. noch erhalten.

Im Nhd. ist die alte Mannigfaltigkeit verringert; der Stamm *si* ist in der Konjunktivform *sî-sei* verallgemeinert. Eine Zeit lang herrschte er auch in der 1. und 3. Plur. *sein, seind* (mundartl. noch so oder *sand*, sogar *ich sein* (Pfalz) s. ob.).

Das fränk. *er it* = *er ist* wird aus der Auffassung, dass die Endung -*st* nur der 2. Sing. zugehört, entstanden sein. Das altbayr. *húnd* für *sánd* dürfte aus der Verbindung s-*sánd* (sie haben, es haben) *ös-sáds* zu erklären sein.

Anhang I.

Zur mhd. Verskunst.

Aus der klassischen Zeit haben wir keine Theorie der Verskunst, also auch keine metrischen und rhythmischen Termini. Aus dem 14. Jahrh. sind uns einige Bemerkungen erhalten (so bei Nikolaus v. Jeroschin, Heinrich Hesler), die aber rein äusserlicher Natur sind. Die Grundlage unserer Anschauungen über den mhd. Versbau bilden K. Lachmanns scharfsinnige und genaue Untersuchungen. Die Termini entstammen meist dem Meistergesang. Bis Ende des 13. Jahrhunderts bauten die mhd. Dichter ihre Verse nach einheimischer Überlieferung; seit Heinrich von Veldekes Zeiten kommen romanische Vorbilder zur Geltung und tritt an die Stelle der naiven Verkunst — die den Vers als ein Ganzes schuf — die überlegende, die den Vers aus Teilen zusammensetzte, den Teilen ein selbständiges Dasein gab und sie willkürlich und neuerungssüchtig verband. Die alte Verskunst kannte als Einheit nur die Verse und Halbverse, die jüngste Entwicklung im 15. und 16. Jahrhundert die einzelne Silbe; die in Mitten stehende, zumal die höfische Lyrik scheint als Einheit das Herrschgebiet der Hebungen empfunden zu haben; dieses wechselte je nachdem die Hebungen grundsätzlich gleich geachtet waren oder grundsätzlich eine starke Hebung ausser dem Senkungsgebiet auch noch eine geringere Hebung samt ihrer Senkung überragte (dem alten Gefühl und der musikalischen Begleitung dürfte im letzteren Fall eher die Unterscheidung: Hebung und zweifach abgestufte Senkung entsprechen). Da die Hebungsgebiete innerhalb desselben Verses zeitlich nahezu gleichen Umfang hatten, so können wir sie als Füsse oder Takte bezeichnen und dies ist auch durch die ursprüngliche Beziehung zu den schreitenden oder tanzenden Bewegungen, die den Gesang begleiteten und rhythmisch beherrschten, gerechtfertigt: der Fuss ist der Versteil, der sein Mass durch das wechselnde Auftreten des rechten und linken Fusses erhält (zu jedem Tritt ein Versfuss), der Takt der Versteil, für den das Mass im ganzen Schritt liegt, der vom einem Auftreten des (linken oder rechten) Fusses bis zum anderen desselben Fusses reicht, wobei ein Tritt — der des rechten Fusses gewöhnlich — stärker ins Ohr fällt. In der mhd. Zeit ist — ausser beim Tanz und Kinderspiel — der Tritt kein Begleiter des Versvortrages, aber die begleitenden Melodien werden den Charakter der Tanz- und Marschmelodien noch nicht ganz abgestreift haben und noch heute ist der Bau der abmarschierten Kinderverse derselbe wie der der volkstümlichen Verse (Schnadahüpfeln) und der Zählverse. Ausser dem Rhythmus des Marsches ist auch die Takteinteilung der modernen Musik zur Veranschaulichung und Würdigung des alten Rhythmus wohl zu verwerten (vor allem der $^2/_4$ und $^4/_4$ Takt), obwohl unsere Takteinteilung der mhd. Zeit in der Theorie nicht geläufig war. Vor allem darf aber das Volkslied*) und Kirchenlied beigezogen werden, ja in der Unterrichtspraxis wird man von Ringle, Ringle Reihe sogar ausgehen müssen.

[§ 1.] **Silbendauer im Vers.** Eine betonte Silbe der gewöhnlichen Rede stellt das mittlere Mass dar, ob langer oder kurzer Vokal in der Silbe steht; es gilt also für den Versrhythmus die Stammsilbe von vrâ-gen, mah-te, re-den gleichviel. Eine durch den Ton stark hervorgehobene Silbe kann gedehnt werden bis zur Dauer eines Wortes der Form — ◡, wenn die Stammsilbe lang ist, d. h. wenn sie langen Vokal enthält oder mit Konsonant schliesst; also stark betontes *vrâgen* kann die Dauer eines schwächer betonten *vrâgeten* erhalten. Umgekehrt wird oft wirkliche Kürze (offene Silbe mit kurzem Vokal), zumal wenn sie stark betont ist, dem mittleren Mass nicht genügen und muss dasselbe durch Hinzunahme einer unbetonten Silbe ergänzen, so dass *rēden* das Mass von *jâr, tac* erhält, *künege* das von *fürste*; unter dem stärksten Ton an Stellen, wo einfache Länge nicht verwendet zu werden pflegt (wo also *vrâgen* die Dauer von *vrâge-ten* hat) hat auffallender Weise die ergänzte Kürze (*rēden*) die Geltung einer gedehnten Länge (also *rēdende* = *vrâge-ten***) doch scheint hier weniger die Quantität als der Tonfall in Frage zu kommen, s. unt.

Die mittlere Quantität wird mit ×, die Länge mit —, die gedehnte Länge mit $\overline{}$, die ergänzungsbedürftige Kürze durch ◡ bezeichnet.

[§ 2.]***) Das gewöhnliche Mass eines Fusses ist × ×, die erste Silbe stellt die Hebung ´, die zweite die Senkung ` dar. Für × × kann, wie gezeigt auch $\overline{}$ stehen; da in langer Silbe die Stärke der Betonung gegen das Ende abnimmt, so stehen hier von selbst Anfang und Ende im Verhältnis von Hebung und Senkung; auch die Endkonsonanten sind schwächer als die eigentliche Tonstelle; so trifft in Füssen wie *han den* die Senkung auf die zweite Hälfte des (unter dem Versiktus gedehnten) *n*, in *lep ten* in die Zeit des Überganges von *p* zu *t*. Für

---

*) Siehe Uhlands Volkslieder, 4 Bdch., Erk-Böhmes Liederhort, 3 Bde. Liliencrons Deutsches Leben im Volkslied um 1530.
**) *Hâgene = Rüedeger*.
***) Man vergegenwärtige sich die durch Zeichen (×, —) gegebenen Rhythmen durchweg, indem man ihnen Sprechsilben *la la* oder *tom to rom* oder sonst welche unterlegt!!

den Versfuss genügt aber das Mass ⌣ nicht, weil kurze offene Silben im Mhd. nicht gedehnt werden konnten ohne entstellt zu scheinen; rĕ-den ist nicht mehr = rē-den, ist nicht eine Steigerung, sondern eine Verunstaltung, auch rĕ--den war eine unnatürliche Aussprache. Aber auch | _́ | ist keine genügende Fussfüllung ausser am Versschluss vor grösserer Pause, da die Senkung hier nicht Platz zu haben scheint, sondern es genügt nur | ‿́ |. Es ist zu bedenken, dass hier unmittelbar hinter der gehobenen Silbe die nächste Hebung erscheint, dass aber zwischen zwei Hebungen in der lebendigen Rede ein Zwischenraum von genügender Zeitdauer liegen muss und eine bestimmte Abstufung der Betonung inmitten gelegt wird. Es vergleicht sich unser Versrhythmus mit den griechischen Rhythmen an einander gebundener Wortgruppen, mit den griechischen Inklinationsregeln. Man beachte ×́ = griech. Akut (⌣ und _́), ‿́ = griech. Cirkumflex.

Wie nun im Griech. bei engem Anschluss eines Enklitikons die Tonfolgen ×́ × ×́, × ×̄ ×́, × ×́ ×́, × ×́ möglich sind, nicht aber ×́ ×́, × (ἄνϑρωπός τις, δῶρόν τι, λόγον τινά, aber nicht λόγός τις), so in der deutschen Rhythmik wohl Doppelfüsse wie

            ist in álten ×́ × ×́ ×
            ver | lie sen den | ‿́ ×́ ×
            mánegen pféllel ‿́ ⌣ × ×́ ×
aber nicht   *Hágénen* ‿́ ‿́ × (oder auch nur ×́ ×́ ×).

[§ 3.] Die regelmässige Gestalt eines Fusses in der mhd. Dichtung ist also ×́ ×́ oder ‿́ × ×́ oder ‿́; am Versschluss nur | ‿́ × oder _́ o; | ⌣ × *sägen* wird hier nur in der Geltung | ‿́ o gebraucht. In der von romanischen Vorbildern beeinflussten höfischen Lyrik wird der Auftakt vor der ersten Hebung meist so fest, dass man die Verse nach Art der Jamben messen kann, also Füsse von der Form | × ×́ | ansetzen darf, zumal bei stumpfem Ausgang; also z. B.

           ein wilder wolf wirt dir ein hunt,
doch spricht die Wortbrechung meist dagegen; so z. B. in

           du niu | west mane gen al | ten funt.
Der daktylische Rhythmus kann sich auch innerhalb des deutschen Versbaues entwickeln, so ist der Vers

           wól über mítten tac wérte der strít
aus Daktylen gebildet, aber nicht daktylisch gedacht, denn er steht unter lauter solchen, die trochäisch (×́ ×) zu messen sind; die Daktylen entstanden dadurch, dass zufällig immer neben einem Fuss von der Form ‿́ einer von der Form ×́ × steht und die Hebung des einen der des anderen übergeordnet ist. So auch in den modernen Schnadahüpfeln und gleich gebauten Volksliedern wie

           Wo a kleins Hüttle steht.
Andere Daktylen der mhd. Poesie sind dagegen romanischen Vorbildern nachgeahmt und romanischen Melodien angepasst. Gemeinsam ist ihnen,

dass die zweite Silbe jedes Fusses der dritten übergeordnet ist, die erste ist meist lang und wohl = ⏜.

[§ 4.] Die Takte (Doppelfüsse, Dipodien) haben die
Grundform   x́ × x̀ ×   *aller hande*
seltener   x́ × x̀ ×   *ist vil béȝȝer*
dafür gerne ⏜ x̀ ×'   *küenésten*.

Am Ende von Versen oder Halbversen ist die vollständige Taktform nicht häufig; dafür

a) ⏜ x̀ ○   *mǽren* oder
   ⏝× × ○'   *Hágenen*
seltener x́ × x̀ ○   *Rüedeger*
oder b) ⏜ ○ ○   *leit*
   ⏝× ○ ○   *knábe*
selten c) ⏜× ○ ○ *Uoten*

Der Ausgang ⏜ x̀ ○ unterscheidet sich von dem ⏜ x̀ ○ ○ nur bei streng rhythmischem Vortrag. Wenn man von modernen dipodischen Versen einen Schluss ziehen darf, so ist die erstere Form vor allem im Satzinnern, die letztere am Satzschluss anzunehmen. Man vergleiche die beiden Halbzeilen

Es stand vor alten Zeiten . . . . .
Versunken und vergessen!

Beim Ausgang ⏜ x̀ (*gessen*) tritt jetzt zur Verringerung der Tonstärke auch Herabsinken der Tonhöhe ♩ ♩, während bei ⏜ x̀ auf den Nebeniktus noch entweder gleiche Tonhöhe ♩ ♩ oder Erhebung ♩ ♩ kommt. Ob im mhd. Vortrag (oder gar in der Melodie gesungener Verse) das Gleiche der Fall war, lässt sich nicht mehr ermitteln. Siehe unten die Gudrunstrophe.

Anm. Der streng durchgeführte Unterschied von ⏜ x̀ ○ *mǽren* und ⏝ ⏝ x̀ ○ *Hagenen* einerseits und x́ × x̀ ○ *werdekeit* andererseits ist für uns fremdartig; die alten Volkslieder seit dem 15. Jahrh. kennen ihn nicht mehr; hier ist vielmehr gerade eine Vorliebe für den Versausgang x́ × x̀ zu beobachten, z. B. in

Es geht ein dunkle Wolken rein   mich deucht es werd ein Regen sein *)

Ja oft hat ein Lied den Ausgang erst durch späteren künstlichen Zusatz erhalten, so z. B.

Und bin ich auch nicht reich

wird gewöhnlich gesungen: U. b. i. a. nicht schön und reich.

Der Unterschied muss geschwunden sein als die alten kurzen Silben *gr̆-ben*, *r̆e-den* verloren gingen.

---

*) Die wechselnden Formen des altdeutschen Verses in neuerer Zeit sind trefflich behandelt von L. Bückmann, Der Vers von 7 Hebungen, Progr. des Johanneums von Lüneburg. 1893. 4º.

[§ 5.] Die alten volkstümlichen Verse scheinen zum allergrössten Teil taktisch gebaut zu sein; durch den romanischen Einfluss mehrten sich die nach Füssen zu messenden und gleichzeitig damit wurde der regelmässige Wechsel von Hebung und Senkung mehr und mehr durchgeführt, zunächst in der Lyrik, dann aber auch in der Epik (Konrad v. Würzburg). Wenn hier einsilbige Füsse am Versschluss erscheinen, so liegt nicht mehr Dehnung unter dem stärkeren Iktus vor (— für × × × × oder × × o o), sondern katalektischer Ausgang mit Pause (× o); hier sind also für den Rhythmus der Verse Ausgänge wie *strît* (× o) und *güete* (× ×) gleichwertig; für die Melodie macht es aber einen Unterschied ob der Ausgang ein ein- oder zweisilbiger Fuss ist, weshalb an gleicher Stelle in sich entsprechenden Strophen der gleiche Ausgang geboten ist; ◡ × kann aber auch jetzt nicht als klingender, weiblicher Reim gebraucht werden.

Vielfach sind einfüssige und taktische (zweifüssige) Verse gemischt.

[§ 7.] Der **Reim** als regelmässiges Bindemittel von Versen oder Halbversen ist wohl romanischen Vorbildern nachgeahmt, aber ganz dem deutschen Versbau angepasst. So haben wir zu scheiden den Reim taktischer Verse und einfüssiger Verse. In den ersteren fällt in mhd. Zeit der Reim auf die letzte Haupthebung; folgt dieser noch eine Nebenhebung oder Senkung, so nimmt diese am Reim teil: also

wunders vil ge seit   einsilbig stumpf
zwêne knieten unde snîten   zweisilbig stumpf
mit zühten vor dem grabe   zweisilbig klingend,

die letzte Gattung von der Form — × kann zweifüssig $\underline{\;\;}\;\acute{\times}$ (auch $\check{\;}\times\acute{\times}$), oder einfüssig $'\;\acute{\times}$ sein, je nachdem die Pause am Ende des Verses ein oder zwei Zeiten dauert. In den älteren Kurzzeilen ist das erstere wohl Regel. In der Gudrun ist dagegen der klingende Ausgang wohl nur = $.'\_\acute{\times}$, einfüssig

niht goldes was so guotes

und die Pause = o o d. h. von der Dauer von × ×.

Die Reime **einfüssiger** Verse sind der Regel nach auch nur einfüssig, also = $'\_\times$ oder $'\;o$ oder $\underset{\smile}{\cup}\;o$

diu mit fröuden in mîn herze   sanc   stumpf
dô wart ich twerhes ange   sehen   stumpf
genâde frouwe! ich mac dir niht ge striten   klingend.

Ob ein Vers und damit sein Reim ein- oder zweifüssig ist, kann nur aus dem rhythmischen Gesamtcharakter der ganzen Dichtung zu der er gehört ermittelt werden. Sicher einfüssig sind natürlich solche klingende Reime, die nicht den Taktgipfel enthalten, oder nur einen Teil eines vollständigen Taktes bilden, wie z. B.

wie möhte dem manne misselingen,

wo *lingen*, auch wenn der Vers dipodisch wäre nur die zweite Hälfte des Taktes ausmachte. Dehnung der Silbe *ling* also den Takt über das

Mass ××× × vergrössern würde. Sicher taktisch zu messen und zweifüssig scheinen dagegen in den höfischen Kurzzeilen alle klingenden Reime, bei denen die Reimsilbe erst die dritte Hebung enthält, s. unt.

[§ 8.] Die dreiteiligen **Strophen** sind der kirchlichen Dichtung schon lange vor der Entfaltung der provenzalischen Lyrik geläufig und auch in ahd. Gedichten zu finden; die unsymmetrischen Strophen sind vielleicht echt volkstümlichen Ursprunges. Die ältesten Strophen setzen sich aus der Einheit von zwei Takten zusammen, doch so, dass der zweite Takt fast immer verkürzt ist $\angle × \text{o}$ oder auch $— \text{o o}$ seltener $\dot{×} × \dot{×}$ o; der verschiedene Versausgang kann fest und z. B. als Zeichen des Strophenschlusses verwendet werden; einzelne Takte können als Kehrreim zwischen oder hinter die Zweitakter treten und die Gliederung anzeigen, endlich kann besonders starke Hervorhebung eines Taktes und dazu dienender starker Auftakt den Schluss einer Strophe kenntlich machen. In der späteren Entwicklung kann die stärkere Hervorhebung von Unwesentlichem den Charakter einer Strophe ändern; so wenn der schwerere Auftakt zuerst Regel und der hier ungewollt hörbare Iktus-Gesetz wird (Nibelungenstrophe).

Nachdem in der lyrischen Versbildung nach romanischem Vorbild die Versfüsse in beliebiger Anzahl aneinandergereiht werden konnten, wurde die verschiedene **Fusszahl** zur Gliederung der Strophen verwendet, daneben auch die Verschiedenheit des Reimgeschlechtes (weiblich-klingend und männlich-stumpf). Die Ausdrücke Stollen und Abgesang entstammen dem Meistergesang. Die Dreiteiligkeit ist Regel bei den mehrstrophigen Gedichten der Blütezeit.

[§ 9.] 1. **Die Nibelungenstrophe** besteht aus 8 Zweitaktern,
der 1., 3., 5., 7. hat die Form $\dot{×} × \dot{×} × \quad \angle \dot{×} \text{o}$ mit oder ohne Auftakt von 1—2 Silben,
der 2., 4., 6., 8. ursprünglich die Form $× \ \dot{×} × \dot{×} × \quad \angle \text{o o}$ gewöhnlich mit Auftakt.

Die letzte Halbzeile wurde schon zur Zeit der Entstehung des Liedes, wohl vom Dichter selbst, durch besonders starke Hebung des ersten Taktes hervorgehoben, diese wurde unterstützt durch häufige Ausfüllung des ersten Fusses mit $\angle$ statt $\dot{×} ×$ und durch schweren Auftakt, so dass die Form die wurde:

$$(×) × × \ \frac{\angle}{× ×} \ \dot{×} × \ | \ \angle$$

Unsere Überlieferung zeigt zahlreiche solche Verse mit ausgeprägt dipodischem Charakter

vil ver | liesen den | lip
durch sinen | mortlichen | haz
an die | geste ge- | tân
des künec | Etzelen | lip.

Verse der letzten Form wurden von den recitierenden Spielleuten, Schreibern, Nachdichtern mit stärkerem Nebenton im Auftakt belegt, also

$$\text{des kűnec Étzelen líp}$$

und neugebildete achte Halbverse mit stärker betonten Worten begonnen, wie

$$\text{vor allen heiden wol genesen} \;(\times\,|\,\acute{\times}\times\ddot{\times}\times\,|\,\acute{\times}\times\overset{\smile}{\underset{}{\times}}\times\,\text{o})$$

und alte am Eingang durch ein oder zwei Silben verstärkt. So stellt das Nibelungenlied in der Überlieferung zwei Schichten dar, eine ältere, in der die 8. Halbzeile bei deutlich dipodischem Rhythmus 2—3silbigen Auftakt zeigt und eine jüngere, in der monopodische Messung zu Grunde zu liegen scheint und vier Hebungen vorhanden sind*); eine grosse Zahl von Versen lässt beide Messungen zu. Als Regel empfiehlt sich die Betonung

$$\times\times\,\Big|\,\frac{\acute{\,\prime\prime\prime\,}}{\times\times}\times\times\,\Big|\,\acute{-}:\;\textit{beidiu lût' unde lant}$$

mit zwei starken Ikten; der erste darf sich über alle anderen der Strophe erheben; jedenfalls müssen die Nebenhebungen (der geradzahligen Füsse) hinter den Haupthebungen deutlich zurückbleiben, wenn der schöne sinngemässe Rhythmus gehörig ins Ohr fallen soll.

Der Hildebrandston ist wie die ältere Nibelungenstrophe gebaut, nur dass im 8. Halbvers der Auftakt nicht regelmässig 2—3 und keine stark betonten Silben enthält, und dass auch die ersten Halbverse untereinander reimen (also 1 mit 3, 2 mit 4, 5 mit 7, 6 mit 8).

Die Waltherstrophe ist aus der Strophe von 8 Zweitaktern dadurch entstanden, dass der letzte Takt der 7. Halbzeile verdoppelt wurde. also statt $\times\,|\,\times\times\times\times\,|\,-\times\,\text{o}$ hat die 7. Halbzeile die Form

$$\times\,\Big|\quad\acute{\times}\times\times\times\quad\frac{\acute{\,\prime\,}}{\times\times}\times(\times)\,\Big|\,\acute{-}\times\,\text{o}$$

$$\textit{ir vróun si dâ wol kléiden be- gúnde}$$

die achte Halbzeile nach der älteren Nibelungenregel.

2. **Die Gudrunstrophe** ist nicht aus der Nibelungenstrophe entstanden, sondern aus Formen, die uns in der ältesten Lyrik begegnen; sie setzt sich zunächst aus Zweitaktern der Form $\times\times\times\times\,|\,\acute{-}\times$ und $\times\times\times\times\,|\,-\text{o}\,\text{o}$ zusammen. Die 6. Halbzeile scheint, obwohl im Schema mit der 1. und 3. zusammenfallend, doch anders gemessen werden zu müssen, nämlich $\acute{\times}\times\acute{\times}\times\,|\,\acute{-}\times\text{o}$, da sie meist einen Satzschluss enthält, diesem aber der vorwärts strebende Rhythmus $\acute{-}\,\acute{\times}$ weniger entspricht als der absteigende $\acute{-}\,\acute{\times}$. S. ob. (§ 4.) — Einzelne Strophen fügen sich taktischer Messung schlecht, aber der Grundcharakter der Gudrunstrophe ist doch dipodisch. Allerdings scheint der Dichter nicht so taktfest gewesen zu sein wie der ältere Nibelungendichter. Es scheint in der letzten Halbzeile die zweite Haupthebung die anderen zu überragen; betont man z. B. die Halbzeile

---

*) Die jüngere ist ganz durchgeführt in Alpharts Tod, die ältere im Ortnit, Wolfdietrich.

da von gesweie der vogelline schallen

× ׀ × ׳ × × × ׀ × × × × ׀ -' × o o

so erscheint die rhythmische Kunst grösser und die Verwandtschaft mit der jüngeren Nibelungzeile

× × × ׀ × × × × ׀ ‥

enger. Unebenheiten in den schwächeren Takten wirken viel weniger störend als solche im stärksten Takt und es wird beim Lesen der letzten Gudrunzeile darauf ankommen, vor allem den vorletzten Takt scharf zu skandieren, also z. B.

daʒ der von Tenemárke sanc so schóne
daʒ einer möhte ríten túsent míle
nach ir vater Hágenen si dô sande
niht wol erklingen die dǿne sîne
truoc si im wol holde sinne
wǽret ir mins herren lande náhen.

3. **Die epische Kurzzeile** besteht entweder aus vier Füssen, von denen der letzte gewöhnlich die Form $\underline{\cdot}$ o oder $\underset{\smile}{\cdot} \times$ o selten und besonders in späterer Zeit die Form $\dot{\times} \times$ hat oder aus zwei Takten (Doppelfüssen), deren zweiter die Formen ׀ $\underline{\cdot}$ $\dot{\times}$ o, auch ׀ $\underset{\smile}{\cdot} \times \dot{\times}$ o oder ׀ $\dot{\times} \times \underline{\cdot}$ o, seltener die Form ׀ $\ddot{\times} \times \underline{\cdot}$ hat. Die höfischen Epiker mischen einfüssige und doppelfüssige Verse. Vielfach werden Verse wie

er sprach des sorg' ich kleine

als dreihebig klingend bezeichnet. Es ist, wie oben gezeigt, kein grosser Unterschied, ob man *kleine* als $\underline{\cdot}$ $\dot{\times}$ o oder als $\underline{\cdot}$ $\dot{\times}$ o o liest, zumal wenn vor der Pause $\underline{\cdot}$ etwas verlängert wird; aber ein Teil der Kurzzeilen auf — × hat sicher 4 Hebungen gehabt, das beweisen Paare wie Klage 1410 (L.)

lop sî dir herre trähtin
schowet frouwe margravin

wo *trähtin* dieselbe rhythmische Geltung hat wie *margravin*, letzteres ist aber nicht anders zu messen als ‥ × $\dot{\times}$; *trähtin* ist also $\underline{\cdot}$ $\dot{\times}$. Nur in einfüssigen Versen muss durchweg der Ausgang — × als $\underline{\cdot}$ $\dot{\times}$ (Hebung und Senkung ohne Pause) aufgefasst werden. Bemerkenswert ist, dass stumpfe Takt-Verse sehr oft steigenden Rhythmus haben, z. B.

als eʒ in beiden was gewant   × ׀ × × × $\dot{\times}$ × ׀ × × $\dot{\times}$ o
des bin ich kurze bedâht   × ׀ × × $\underline{\cdot}$ ׀ × × $\underline{\cdot}$ o
si wahte in ûf unde sprach   „   ‥

4. **Lyrische Strophen.** Die nach überlieferter Art gebauten Verse bestehen meist aus Takten in allen im Epos vorkommenden Formen; z. B. bei Neifen:

Von Walhen fuor ein pilgerin mit sinem kötzeline

× ׀ $\dot{\times}$ × × × ׀ $\dot{\times}$ × ×   × ׀ $\dot{\times}$ × × × ׀ $\underline{\cdot}$ ×

er bat der herberge in der minne.

× ׀ $\dot{\times}$ × × × ׀ $\dot{\times}$ × × × ׀ $\underline{\cdot}$ × o o   (wohl nicht ׀ $\underline{\cdot}$ $\dot{\times}$ o
                                                                wegen des Satzschlusses)

auch   swie ich wil dich wagen
$$\acute{x}\times\times\times \mid \overset{\smile}{\cdot}\times$$
lauter Formen der Nibelungenhalbverse,
oder beim Spervogel

   der bruovet mine missetât
$$\times \mid \acute{x}\times\times\times \mid \acute{x}\times\times$$
   sin lôn der ist bôse
$$\times \mid \overset{..}{-}\times\times \mid \overset{..}{-}\times\circ$$
   hilf mir heiliger geist
$$\mid \times\times \overset{..}{-} \mid \times\times \acute{-} \text{ oder } \times\times \mid \overset{..}{-}\times\times \mid {'}\circ\circ$$
   deich mich von siner vancnisse erlöset
$$\times \mid \acute{x}\times\times\times \mid \overset{..}{-}\times\times \mid \acute{-}\times$$
lauter Halbzeilen der Gudrun,
in Wolframs Titurelstrophen

$$(\times) \mid \acute{x}\times\times\times \mid \overset{..}{-}\times\times \mid \acute{x}\times\times\times \mid {'}\times(.) \qquad \text{Reim a}$$
$$(\times) \mid \acute{x}\times\times\times \mid \overset{..}{-}\times\times \mid \acute{x}\times\times\times \mid \acute{x}\times\times\times \mid {'}\times() \qquad \text{a}$$
$$(\times) \mid \acute{x}\times\times\times \mid \acute{x}\times\times\times \mid \overset{..}{-}\times. \qquad \text{b}$$
$$(\times) \mid \acute{x}\times\times\times \mid \overset{..}{-}\times\times \mid \acute{x}\times\times\times \mid \acute{x}\times\times\times \mid {'}\times. \qquad \text{b}$$

Verse und Halbverse wie in der Gudrun, aber die Verse ohne feste Caesur.

Sind Halbverse mit Ganzversen (Langzeilen) vermischt, so haben die ersteren oft keine Reime, sind also 'Waisen'. Es ist zu beachten, dass im eigentlichen sangbaren Lied auch schon in der mhd. Zeit der später beliebte Ausgang $\acute{x}\times\times$ gar nicht ungewöhnlich ist, während er im Epos gemieden wird.

Die dreigliedrigen Strophen haben Verse von verschiedenstem Umfang von einer Silbe beginnend; die Gliederung der Strophen ist ausser durch die Fusszahl oder Takt und das Reimgeschlecht bei ihnen ganz besonders auch durch die Reimverschlingung angezeigt. Die kurze Darstellung des Schemas gibt die Zahl der Hebungen, den Auftakt und bei klingendem Ausgang die Endkürze, also

$$\smile 4 \smile = \times \mid \acute{x}\times \mid \acute{x}\times \mid \acute{x}\times \mid \acute{x}\times$$
$$3 = \mid \acute{x}\times \mid \acute{x}\times \mid \acute{x}$$

Beispiele von Strophenbildungen (die Buchstaben a, b, c bezeichnen die sich entsprechenden Reime, w Waisen)

1.	4 a	4 c	2.	$\smile$6$\smile$	a	3.	$\smile$6$\smile$	a	$\smile$6$\smile$	c
	7 b	2 $\smile$ a		$\smile$6	b		$\smile$5 b		$\smile$4 b	$\smile$4 a
	4 a	3 $\smile$ d		$\smile$6 $\smile$	a		5 c		$\smile$6 $\smile$ a	$\smile$6 a
	7 b	4 c		$\smile$6	b		5 c		$\smile$4 b	$\smile$4 w
										$\smile$4 $\smile$ c

4. ⏑ 6 a   ⏑ 4 d
    ⏑ 6 a   ⏑ 6 d
    ⏑ 5 ⏑ b   ⏑ 5 ⏑ c
    ⏑ 6 c   ⏑ 4 f
    ⏑ 6 c   ⏑ 6 f
    ⏑ 5 ⏑ b   ⏑ 5 ⏑ e

5. ⏑ 4 a   ⏑ 4 d
    ⏑ 4 b   ⏑ 4 d
    ⏑ 4 c   ⏑ 4 e
    ⏑ 4 a   ⏑ 4 w
    ⏑ 4 b   ⏑ 4 e
    ⏑ 4 c

Die Mehrzahl der dreigliedrigen Strophen dürfte monopodisch sein.

Die Leiche, nach kirchlichem Vorbild aus der Liturgie, sind nicht in grössere Teile gegliedert, sondern so, dass je ein kurzer Abschnitt sich wiederholt und dann durch ein anderes rhythmisches Ganzes abgeschlossen wird, oder es findet gar keine Gliederung statt und folgen die nach Versform und Verszahl verschiedenen Stücke unsymmetrisch auf einander.

Anhang II.

Sprachproben
insbesondere zur Veranschaulichung der Wortverkürzungen.

(Stellen, an denen unbetonter Vokal im Mhd. ab- oder ausgefallen ist werden durch ', verkürzte Worte durch gesperrten Druck bezeichnet.)

I.
Aus dem altsächsischen Alten Testament.
(Braunes Ausgabe.)

    Thuo an forahtun uuard
Kain aftar them quidiun drohtinas,   quad that hie unisse garo,
that is ni mahti uuerdan mualdand nuiht   an' uneroldstundu
dadeo bidernid: "So ik is nu mag drubundian hugi", quad he,
beran an minun breostun,   thes is minan bruodar sluog
thuru min handmegin.   Nu uuet ik, that ik seal an thinum heti libbian,
ford an thinum fiundscepi,   nu ik mi thesa firina gideda.
So mi mina sundia nu   suidaron thunkiat,
misdad mera,   than thin mildi hugi:
so ik thes nu uuirdig ni binn   mualdande thie guodo.
that thu mi alatas   ledas thingas,
tianomo atuemeas.   Nu ik ni uuelda mina triuua haldan,
hugi uuid them thinum blutrom muoda: nu uuet ik, that ik hier ni
                mag eniga huila libbian
huand mi antuuirkit,   so huuat so mi an' thisun uuega findit,
aslehit mi bi thesun sundeun."

  Beachte die Lautverschiebungsstufe: *dadeo* ahd. *tâteô*, *bidernid*: *bitërnit*, *uuet*: *weiz*; *heti*: *hazz*; den Ausfall des *n*: *suuid* ahd. *swind*, die Zusammenziehung der *ei* in *e lêdas*, den Plural der Verben auf *-at*: *thunkiat*. Keine Verkürzungen ausser *an*.

  [Da wird in Furcht (Plur.) (befangen) Kain nach den Worten (zu mhd. queden) des Herrn, sprach, dass er völlig wisse, dass von seinen Thaten nichts im Laufe der Welt dem Waltenden möge verhehlt werden: 'So mag ich drum trauerndem Sinn, sprach er, tragen in meiner Brust (Plur.), dafür dass ich meinen Bruder schlug durch meine Handkraft. Nun weiss ich, dass ich muss (soll) in deinem Hasse leben, künftig in deiner Feindschaft, da ich (mir) diese

Unthat vollführte. So dünken mich meine Sünden gewaltiger, grösser meine Missethat als dein milder Sinn: so bin ich des nun nicht würdig, (du) der gute Herr, dass du mir erlässt die leide Sache, mich losssprichst von den Übelthaten. Nun ich nicht wollte meine Treue halten, (rechten) Sinn wider deinen reinen Geist: nun weiss ich, dass ich hier nicht mag lange (einige Zeit) leben, denn mich bringt um, was mich auf diesem Wege findet, erschlägt mich ob dieser Sünden.]

II.
Fränkische Übersetzung des Isidor um 800.
(Kap. IV. § 7 nach Müllenhoffs Sprachproben.)

Dher selbo forasago auh in andreru stedi chundida, dhazs ir dhera dhrinissa chirûni bichnâdi, dhuo ir sus quhad 'Ih chisah druhtin sitzen dan oba dhrâto hôhemu hôhsetle, endhi Seraphin dhea angila stuondun dhemu oba. sehs fethdhaha uuârun eines sehse andres: mit zuuêm dhehhidon sin antlutti, endi mit zuuêm dhecchidon sine fuozssi enti mit zuuêm flugun'. Dazs dher forasago auh dhen selbun druhtin dhrifaldan in sinem heidim araughida endi einan in sineru gotnissu chichundida, dhar' after quhad fona dhem angilum: 'Endi hreofun ein zi andremu, quhedhande heilac, heilac, heilac druhtin uuerodhcoda got, folliu ist al erdha dhinera guotliihhin'. See hear nu dhea dhrifaldiu heilacnissa undar eineru bijihti dhazs himilisca fole so mendit, endi dhoh ein guotliihhin dhera dhrinissa Syrafin mit dhemu dhrifaldin quhide meinidôn. Inu huuazs andres zeihnit dhar dhea dhri sanctus chiquhedan u. s. w.

[Beachte: Die Lautverschiebung ist noch nicht völlig durchgeführt: *dh* für *d*: *dhero, dhrinissa, d* f. *t druhtin, dheota*; noch steht *hu* für *w-* *huuazs, hr* für *r-* *hreofun*; -h- = ch. Keine Verkürzungen ausser vor Vokal *thar*.

ir er, *chirûni* Geraune, Geheimnis, *bichnâdi* kannte (Konj.) vom Stamm. *gnô* engl. *know, dhrâto* mhd. *drâte* sehr, *fethôhaha* mhd. fetache Fittiche zu πτερομαι, Feder, *antlutti* Angesicht (nicht = Antlitz), *heidim* Dat. Pl. 'personis', nhd. -heit, *araughida* zeigte. dazu eräug(n)en zeigen, *hreofun* riefen, *quhad* eigtl. *khuat, uuerodhcoda* Mannsvölker, *guotliihin* s. S. 43 unt., *bijihti* confessione nhd. Beichte, *mendit* jubelt; *inu* enim.]

III.
Benediktbeurer Beichte (XI. Jahrh.).

Mit disimo g'loben so gi' ihc dem' al'mahtigen gote, unde minere urouun sandte mariin. minemo herren s. mich. unde allen gotesengelen. minemo herren s. ioh. unte allen gotes wissag(on). Minemo herren s. petre. unde allen gotes boton. Minemo herren s. geor. unde allen gotes . . . . . bihteren; Minere urouun s. Marg. unde allen gotismageden, unde disin heiligon unde allen gotes heiligon. Aller' dire sunton' die ihe ie gefrumete uone anegenge mines libis unz' an dise wile, swie getaneme zite ihe die sunte ie kefrumete danch's oder undanch's, selafente oder wacchente, kenotet oder ungenotet. Ic gie dem al'mehtigen gote, daz ih gesuntet ha'n. mit mir selbemo unde mit anderren mennisken, mit zorno. mit nide mit nientskefte mit urbvnne (*Missgunst*), mit hazze, mit untriwen, mit meinen eiden (*Meineiden*). mit flôchen mit vbermôte, daz rivet (*reuet*) mih.

[Anfänge von Verkürzungen und schon fortgeschrittene Verblassung der vollen Vokale, der Umlaut auf ä beschränkt; -h noch = ch; u und uu für w, u für f.]

IV.

Notkers Psalmen (XI. Jahrh.),
(Alemannische Abschrift.)

Der man ist sâlig der in dero argon rât 'negegiêng so Adam teta dô er dero chenun (*mulieris*) râtes folgeta unider Gote. Noh an dero sundigon' uuege nestuont. So er teta Er cham darana, er cham an' den breiten uueg ter ze hello gât. unde stuont tarana. uuanda er hangta (*gab nach*) sinero geluste. Hengendo stuont er. Noh an' demo suhtstuole nesaz. ih meino daz er richeson neuuolta. uuanda diu suht stûret sie nah alle. So sie adâmen teta. do er got uuollta uuerden. Nube (*sed*) der ist sâlig tes uuillo an' gotes êo ist. unde der daraana denchet tag unde naht. Unde der gediehet also mola. so der boum, der bî demo rinnenten uuazzere gesezzet ist. der zîtigo sinen wuocher gibet.

[Bemerke: Keine Verkürzungen ausser bei der Endung *ôno* und der Präp. *an*, die kurzen Vokale z. T. zu *e* abgeblasst. Notkersche Rechtschreibung: Fortis im Anlaut wenn das vorausgehende Wort mit Fortis schliesst. Längezeichen nach der Handschrift.]

XII. Jahrhundert.

V.

Wessobrunner Glaube.

Ih g'loube an' ain' got, uater al'mahtigin der der scheffar' ist himiles unte der' erde. Ich g'loube an' sinen ainbor'n' sun, unser'n herren, iesum christum. Ich g'loube daz er emphangin wart, uone deme heiligin gaiste. Ich g'loube daz er gebor'n wart uone miner' frowen sancte mariun, der' euuigin magede. wârre got wârre mennesche. Ich g'loube, daz er in dirre werlte was als' ainanderre mennesche, âne sunde aine. Ich g'loube daz er geuangin wart. daz er gemartirot wart, daz er an'z cruce genagilt't wart, unte daran' restarb. nâch der mennischait' niut nâch gotehait'. Ich g'loube daz er pegraben wart. Ich g'loube daz er ze helle fuor. unte dannan lôste alli die sinen willen getân heten. Ich g'loube, daz er 'rstuont an' dem' dritten tage. Ich g'loube, daz er zi himile fuor, an' dem' uierzigistim' tage nâch siner' urstend'e unte dâ sizzit ze der' zesuwn sinis êwigin uater, ime ebinêwiger, ime ebingewaltiger. Ich g'loube daz er dannan kunftich ist ze tail'n' al manchunde. iegelichen nâch sinen werken. Ich g'loube an den hailigin gaist. Ich geloube, daz die drî benennede 'suater's unte sunes unte des heiligin gaistes ain wârre got ist.

[Fortschreitende Verkürzung, Schwanken in den Endvokalen, *i* für *ǝ* in Endungen; *ai* für *ei*, *rc* f. *er* oder '*r*, die Längezeichen nicht in der Handschrift.]

VI.
Das Hohenburger Hohelied.
(Alemannisch.)

Wende dinu ouge(n) vone mir, siu habent mich von dir fliehente gemachet. welhez sint unseru ougen? daz ist, swenne wir unsere garnede (*Verdienste*) bezelen, die er uns dur sîne g'nâde geben hât, unde wir michel machen unsere gûttate, unde so wir geren, daz er uns offene sinu getougeniu wunder in disime libe, unde so wir ime mûten (*zumuten*), daz er unssich (*uns*, acc.) gâhes (*straks*) reche an' unseren vienden, unde so wir gelobet werden von den gûttâten der uns nicht inbestât (*bestehen bleibt*), swer mit disen ougen sihet, den flûhet got, wand er ist ubirsunich (übersûnig *weitsichtig*), want' er sihet ie mêre denne sîn si. nu wie sulin wir rehte gesehen? swenne wir wol wizzen, daz wir von' uns selbin nieht inhaben wan von' sînen genâdon, wande er hât vil' grôzen unde vil' ha(i)ligen mennisken etewenne umbe ain worth vil' grôze tugende genomen, daz iz siu niemmer mêre negewan. wir sulin unsere wirtscaft unde unser lop unde unsere rache (*Rede*) unde alle unsere sache hin ze deme wunneclîchen lant' sprân (*richten*).

[Sehr wenige Verkürzungen; nur ahd. lange Endvokale haben der Verblassung widerstanden; *-in* f. *en*; *iu* ist *û* geworden, *u* geschrieben; der Umlaut wohl auch bei *â*, *û*, *u* schon vorhanden, Zusammenziehungen wie *hât*, *sprân*, die Längezeichen fehlen der Hs.]

VII.
Bayrische Predigt (aus Roths Sammlung).

Uns scrib't hiut' der guote s. Johannes an' dem' heiligen ewangelio, wie sich ein michel' menige von manegen' lande besam't hete, unt' chom zuo z'unser'm' herren, unt' was stäticlichen drie tage bi im'. An' dem' dritten tage do fraite unser herre einen sinen iungeren s. philippum wie er im' riete, daz er die lûte g'imbiz't. want' si nu drîe tage miner' g'nâden hie gewart' habent; unt' lâze ich si nu alsô vastende vone mir var'n, so verwerdent sie uf der' strâze. ouch sint si sumeliche verre her chomen. Dô sprach s. Philippe zwai hundert phenewert prôtes diu hevent unhôhe under der'menige. Dô sprach s. andreas: herre hie ist ein chint, der treit funf prôt unt' zwêne visce. Dô sprach unser herre zu sinen jungeren: nu sedel't die lûte nider zuo der' erde, uf daz hou, des dâ hie genuc sie, unt' nam er diu funf prôt unt die zwêne viske, unt' segen't' die unt' teilt sie dô unter sîne iungere, daz si si teilten unter diu lûte. Dô diu menige elliu wol enbizen (*gespeist*) was, dô gebôt unser herre sinen jungeren, daz si die âlaibe (*Reste*) ûf lêren (*läsen*), die den lûten dâ wâren uber worden, daz die iht (*nicht*) verlor'n wurden. Der' lûte der' wâren ouch funf tûsent man, âne wîbe unt' âne chint, die wâren âne zal'.

[Stärkere Kürzungen; Umlaut des *â* und *iu*, wahrscheinlich auch der übrigen Vokale, *ai* st. *ei* Regel, keine vollen Endvokale, in der Hs. die Längezeichen nicht ges.]

XIII. Jahrhundert.

VIII.
Handschrift C der Nibelungen.
(Schwäbisch.)

Vor einer' vespercite man ufem' hove sach
ze rossen manigen rechen husir unde dach
was allez vol durch schowen von luten uberal
do waren ouch die frowen z'en venster'n chomen in den sal.

Zesamene do gesazen die kuniginne rich
sie reiten von zwein rechen die waren lobelich
do sprach diu frowe Chriemhilt: ih han einen man
daz elliu disiu riche zü sinen henden solden stan.

Des antwurt' ir' Prunhilt: daz mohte vil' wol' sin
ob' niemen mere en leb'te, wan sin unde din
so mohten im' diu riche wol' wes'n undertan
die wile aber leb't Gunther' so chund' ez nimmer ergan

Do sprach aber Chriemhilt: nu sih'stu, wi er stat
wie rehte herrenliche er vor' den rechen gat,
alsam' der lichte mane vor' den sternen tût;
des mûz ich wol' von schulden tragen vrolichen mût.

Do sprach diu husfrowe: swie wätlich si diu man
swie schone unt' swie biderbe so mustu vor' im' lan
Gunther'n den rechen, den edel'n brüder din
der mûz vor' allen kunigen mit lobe wârliche sin.

[Fast nur die allgemein gewordenen Verkürzungen der älteren Zeit; der Umlaut noch unvollständig bezeichnet; *iu* von *û* (geschr. *u*) sorgsam getrennt; *ow* als *ouw* zu lesen, *-ch* ist auch = *ck*.]

IX.
Grieshabers Predigten II, 31.
(Alemannisch.)

Si sprachen, wer ist dirre, dem' die winde unde och daz mêr' gehorsam sint? unde zehant von dem' gebot' unsers' herren do gelâgen die winde unde wart daz mêr' stille. daz sint diu wort des hailigen ewangelii bi dem' scheffelin' ist uns betútet diu hailige cristenhait, und bi dem' mêr' ist uns bezaichen't, diziu we'lte unde bi den winden unde bi der' wegunge, diu daz scheffelin da ûf dem' mêr' umbe traip, daz sint die durchächter', die die hailige cristenhait da umbetribent mit ier' morthait', unde och mit ier' úbeli, nu vinden wier an' der' hailigen scrift', daz diu schef ze súben mâlon in nôt' unde in vraise sint komen. unde bi den súben mâlon so son [sollen] wir och merchen súben sache, darumbe daz schef der hailigen cristenhait' och kumet in nôt unde in vraise. ze'm' ersten so kumet daz schef der hailigen christenhait in nôt umbe die gitekait zerganchlicher' dinge. zem anderen mâle so kumet ez in nôt von bôser' geselleschaft'. zem' dritten mâle so kumet d. sch. d. h. c. in nôt von der undertano ungehorsami. zem vierden male so kumet er in nôt von der gelerto pfleger' súmeseli. zem' fiumften mâle kumet d. sch. in nôt swenne got niht ist bi im. Zem sehten m. so k. d. s. i. nôt so der gaistelicho hierto sorge ze vil' wier't unde daz si ze vaste wahset, zem súbenden mâle so kumet daz schef in nôt, so man die rehten unde die unschuldigen unredelichen ferdruket.

[Fortgeschrittene Verkürzung bei Erhaltung mancher vollen Endvokale, Umlaut ungenügend bezeichnet, einige mundartliche Eigentümlichkeiten der Vokale, *ú* = *ü*, die Circumflexe stehen in der Handschrift.]

X.

Landfriede von 1256.
(Bayrisch.)

Swa zwen viend vrid' einander gebent, und' ir' einer etwen siner' friunde oder siner' lute uz dem' fride nim't fur' di er niht enwil noch enmach den fride bestætigen, des selben sol er sich auzzen, noch sol im dehein helfe biten wider ienen dem' er frid' hat gegeben alle di wil und' der frid' weren sol. Und uberget er daz, so hat er den frid' zebrochen. — Swer in dem' frid' der im' gegeben wirt' gelaidiget wird', der sol daz ân' chlag' niht rechen. Ob zwischen zwein fienden ein frid' gemachet wirt', und ir' einer einem' sinem' mage oder einem' durch solt dehein helfe biutet uf den ander'n in der' zit' und' der frid' gestætiget ist, der ist frid'brœche. — Swelich haus oder burch offenlichen umbe den raup an' gesprochen wirt, so sol man beschaidenlichen nennen, wer ez hab' getan und wie ez si geschehen. Und sol danne des huses herre den schuldigen von' im schaiden, und sol den raup zehentvaltigen gelten, oder er sol den schuldigen dem' gericht' antwurten.

[Gute Schriftsprache, die alten Längen *i, û, ü* fast unerschüttert. Umlaut nicht ganz bezeichnet, ohne starke Kürzungen; auslautendes *ch* auch = *kh*, *auzzen* = entäussern.]

XI.
Landfriede vom Jahre 1300. (Bayrisch.)
(Rockingers Denkmäler des bayer. Landesrechtes.)

Loterpfaffen mit langem' har' und spillænt' sint auz dem' frid'. Also swer einen spilman haben wil, der sol in auch beraten, und sol niemen niht's bitten, und sol iem' niemen niht geben, er wert' dann' einem' von 'einer' hohzit' gesant. Ez ensol dehein lantvarær' niht lenger' in deheiner' gebiet' sin wan üntz' er dri hohzeit' zû iem' nem'. für' baz ist er auz dem' frid'. Wil auch ein stat oder ein march't oder ein dorf zwen spilman oder einen haben, di sül'n auch si beraten selb' also daz sie auz der' pfarre niht chomen. oder si sint auz dem' frid'. Man sol dehein wip von deheiner' hohzit' niht senden, si chünne dann' saitten spil, oder er ist fridbræch'.

Ob ein man in die æht' chûmt, umb' swelich' sach' daz ist, und wil er bezzer'n, so sol er zû dem' lantherren oder zû dem' graven ûnder dem' er sitzet oder zu dem' richter' chomen swa er den vinden mag, dem' sol er swe'rn einen aid daz er daz reht tûn welle und' dreu taidinch da vor' sin welle den sol man auz der æht' lan'. Und' chôm' der selb' dann hin für' niht, und' daz in der chlager' aber bechlag't, und in aber in die æht bræht', so mûg' wir in noch graf' noch richter' auz der æht' niht gelazzen, es wurd' dann' dem' chlager' sin schad' völleclich abgeleit.

[Genaue Schreibung der Vokale; schon starke Verkürzung, mundartlich beachtenswert: *iem* = altbayr. *eam*; die neuen Diphthonge auch in der Schrift schon im Fortschreiten, zumal *au* und *ou*; *iu* > *eu*.]

XIV. Jahrhundert.
XII.
Münchner Ratssatzungen um 1314.

Swelich schench' oder leitgeb' nach dem' pierglôkgelein' in seinem' hause den trinchær'n ze trinchen' geit, der geit dem' richter' XXXVII den. civitati totidem an' geværde mag er geben ain trinchen oder zwai hin nach und' niht mer. oder swer nach dem' pierglôk'glein' ein seinem' haus' lat spil ender gei't diu selben püzze und swaz denne verspil't wirt' oder mit spil' f'loren wirt' daz sol nieman geben. — Swer chæs' oder smalz oder magen oder magôl' von' der' stat oder von' dem' land' geit oder træ't oder füret oder sentet der geit von' dem' chæs' oder von' dem' pfunde smalzes oder ôles zwen pfenning', der' ist einer der' stat der ander' dez rihtæris. — Swelich sagmülner des pannes den er ze preter'n sagen wil ab'hakchet mer danne diu scherv' (*Kerbe*) der gei't dem' rihter' XXIV[or] d.

[Starke, doch nicht vollständige Verkürzung; *î* > *ei*, *û* > *au*, aber *iu* noch erhalten; Umlaut bezeichnet; *ü* = *iu* und = *üe*; *s* und *z* verwechselt. bem. *trot* < *træget*.]

XIII.
Heinrich von Freiberg.
(Bayr. Handschr. von 1393, Pfeiffers Übb.).

Da wart im' gekündt' sider von' got' daz er ab'r wider
gemainschaft mit ir' begink an' abel's stat si emphiene
ain' sun eua zu hant' der wart mit nam' seth g'nant
er wuchs und waz als' im' zam dem' vater vil' gehorsam
da adam nu geleb't und mit jamer' het' üb'r streb't
in ebro naün hunder't jar und zway und dreizzig gar'
da wart er krank von arbeit' vnd' auch diu kelt' in üb'r strait
vnd' in von' alt'r uber gie diu natürlich' hitz' in verlie
üb'r sein' haken laint' er sich vnd trawrot' innercleich
vnd' gedacht' daz er sach daz poser' ding' vil' g'schah
vnd in der' werlt' wurden schein von' den nahkomen sein
sein lait's ein trauren wart groz das in sein's leben's verdroz.

[Starke Verkürzung auch vor Konsonanten; altes *û* von *iu* scharf getrennt, ebenso altes *î* von *ei*.]

XIV.
Würzburger Urkunde 1359.
(Ostfränkische Kanzleisprache.)

Were, daz wir die vor'g'nanten vnsere teyle bůrg vnd stat mit iren zů gehörenden verkauffen wôlten, so sol vns vnser vor'g'nant herre byschof Albrecht, sin nachkomen byschöfe, oder sin stift darůmb geben als' zitliche ist. Möchten wir uns aber darůmb' nicht vereinen, so sol vnser ieg'licher partye siner frůnde oder dienere zwen darzů bescheiden: was vns die oder ir' der merer' teyl beidersyt hieran heizzen tůn, dez sollen wir beidersit volgen vnd gehorsam sin. Wer' aber ob' sich die ieczog'nanten vier oder ir' der merer' teil daran' nicht vereinten, so sollen sie einen fünfften zu in nemen. vnd waz vns dieselben fünfe oder jr' der merer' teyl heizzen daran tůn, dez sollen wir beidersit tůn volgen vnd gehorsam sin one geuerde. Vnd diez alles sol geschehen in eim' virteyl' jar's nach dem' vnd' wir oder vnser' erben dem' vor'g'nanten vnser'm herren byschof' A., sinen nachkomen byschöfen, oder sinem' stifft' zů Wirezbůrg den kauf kůntlichen angeboten haben one geuerde. Geschehe dez nicht, vnd würd' daz verzogen vber' daz vorgeschriben' virteil jar's so mugen wir danne die vor'g'nanten teyle bůrg vnd stat mit iren zůgehörenden, wânne wir sie von jn widerkaufft haben, verkauffen wenn' wir wöllen one hindernůzse.

[Gute vermittelnde Sprachform ohne grobe mundartliche Eigenheiten, in der Anwendung verkürzter Formen herrscht Schwanken: alte *î*, *û*, *iu* erhalten, *iu* an späteren Stellen der Urkunde durch *û* vertreten.]

XV.
Schlesische Predigt.
(Aus Rückerts Entwurf der schles. Ma. im Mittelalter.)

Wer lesen in dem' virdem buche der konege von' eym' propheten, der his helyas, das her hatte eyne wirtinne in eyner' stat, der hatte her derworben von gote eyn kynt, das suchte (*siechte*), und dy sucht was also gros und stark, das in em' nicht mochte der odem b'lyben; eya wer was das kynt, das als' swerlich suchte? es was marien kynt, Jhesus, der als' swerlich suchte an' dem' cruce, das nicht in em' b'leyb der odem, sunder her gab of syne zele dem' hymelyschen vater, dorumme s. ich: dy blume lybany hot gesocht. No sol't er merken, was togunt dy edele blume an' er' habe. Ich s. das das dy blume lybany est uns sendende edel'n roch und guten smag, se ist ouch heylsam ezu aller' suche, se ist ouch tronde (*trörend, träufelnd*) alle susekeit.... wen als wer merken, das das harez in dem' leneczn' us den boumen vluis't und trorit, als' ist ouch der boum des leben's, der wore gotes son, der wil sich noch dem' winter' des wertlichen betrubnis' ober' uns derbarmen und wel komen; wen her denne kom't und vint' den wingarten unser's herezin blunde, so wel her denne trosten mit dem invlose der' zusekeit' des heyligen geystes, sed, so s. (*sagt*) denne der vater zu dem' sone und ezu dem' heyligen geyste: warte wer, ab der wingarte das ist das herze der lutern' gewissen, ab es hab' geblut ... Als ab her s.: Jich hab' dich vonden blunde in togunden und vrucht brengende guter' werke.... So mag denne wol' s. (*sagen*) dy innige sele: dy blumen sint intsprongen. ....

[Stark mundartlich: o f. *a*, e f. *i*, o f. *u*, *u* f. *iu*, o f. *ou*, e f. *â*, *u* f. *uo* und *iu*; Umlaut nur bei *a* und *â* angezeigt, Verkürzung fast nur nach unbetonter Silbe; z f. *s* rheinischer Einfluss.]

XVI.
Obersächsische Predigt.
(Leysers Sammlung.)

Nach unser's herren usvart zu himele do predigete der gûte herre sente Jacob daz gotis wort in samaria und in allen den steten die dar umme lagin. wider den sazte sich ein zouberere der hiez hermogenes. der tet' manich groz wunder mit des tůvels helfe. Eines tages sante hermogenes der zouberere sinen junger'n der hiez philetus zu sente Jacobe. der quam dar' mit den wisen Juden und' wolde daz bewer'n mit sente Jacobe. daz unser herre ihesus cristus gotis sun icht were. des zouwete (*glückte*) im' übele wane sente Jacob zvstorte sine rede alle. beide mit worten vnd' mit werken vnd' ouch mit den zeichen. Do philetus daz gesach. do ging er wider zv sinem' meistere vnd' sprach vor' ware solty daz wizzen daz dv Jacobe niht macht vberwinden mit keinen dingen. wane sine wort sint sůzzelich. sine werk

sint gotelich. sine zeichen sint wunderlich. dich wil ich lazzen vnd wil im'
volgen. Do hermogenes diese rede vernam. do wart im' vil' zorn vnd
liez binden philetum also vaste daz er sich nicirgin mochte geregen.
vnd sprach. Nv werde schin ob dich din Jacob muge geledigen. Do
hiez philetus sinen knecht loufen vnd' sagen sente Jacobe. Do sante
ime sente Jacob ein sweiztůch da mit er sich wischete vnder sinen ovgen
so in swizete vnd sprach zvme knechte. lege diz tůch vf dinen herren
vnd sprich. vnser herre got ledig't die gebunden'. Do diz getan wart
do wart philetus ledich vnd des zoubereris liste konden ime niht mer
geschaden.

[Verkürzung nur nach unbetonter Silbe, *ic* bewahrt, auch *ů*, Neutralendung *-iu* durch *ic* und *c* ersetzt.]

XV. Jahrhundert.

XVII.
Münchner Annalen 1403.
(Bayrisch.)

An' dem' aschrigen mitwoch' da zugen all' obgeschriben'
herr'n und' haufen mit gueter' riterschaft aber für' München und
hielten da aber, ob sy heraus wolten biss nach mitag', und die weil'
nam man in die prukhen gar' und ganz und verprent' in 40 mül'
(bei) der' statt und zenechst darumb', unnd' alle die heusser, die
hervor' waren und' verprent' in all's holz gar' und' ganz, unnd
liess auch jm' wasser' hingeen, und der' purger' brennstad'l und
tet' in den grössten schaden, der ainer' statt auf ein' tag yee geschach,
daz sich ain mensch nie gewöret, denn' vier püxenschuss' tetten
sy, denn' sy in ainer' meil' umb' die statt ain' mül' nit mer
habend'. Da zog herzog' Hainrich über' die Iser haimb, und daz
ander' volkh zerstreut' sich auch da, und man besezt' die schloss
geen in auf ain' teglichen krieg.

[Fast alle End-*e* fehlen, die Präterita noch geläufig; *äu* durch *eu* verdrängt.]

XVIII.
Hermann von Sachsenheim.
(Schwäbisch.)

Der Eckhart sprach on' argen list,
entrüwen, herr ir sagent waur.
Ich hon gehoert in disem' jaur',
es nach't gar' schier' dem' jüng'sten tag',
da nieman sich verbergen mag
wir muessen all' für' das gericht'.
der hayden sprach: 'das ist für nicht.
Eckhart, das ist ain fremder gloub'.

ich wond' nit, das du wers't als' toub.
du waist doch wol', was Plato seit:
in zirkel maus' der hymmel get
und das gestirn' oun' al's beschwaur'n.
nauch sechs und drissig tusent jaur'n
so sicz wir aber wider hie.'
der Eckhart sprach 'das gloubt' ich nie,
noch nümer tuon: es ist ain tant,
die juden halten ouch alsandt
als' ir' ain' falschen glouben tum:
vorm' jungsten tag' ain ochs' der kumm',
der sy so gar unmassen gross,
das nie kain berg wurd' sin genoss.
sie messen zuo ain' grosse lüg',
in süben jar'n ain' schwalb' nit flüg'
von ainem' horn zuom' ander'n hin,
ist das nit wol' ain touber sin
von üch und von den juden ouch?
der haiden sprach: 'du bist ain gouch.
wir söllen schaiden, es ist zit'.

[Alte Vokale î, û, iu, neu o, au, ou für â; iu und ü nach alemann. Art zusammengeworfen, ü f. i, ai = alt. ei, starke Verkürzung.]

XIX.
Strassburger Ratsprotokoll.
(Elsässisch 1408.)

Also man ieg'note (*immer wieder*) das lied singet von' dem' snider' und einre geiße das vertrüsset das erber' antwerck die snider' und ire knehte, und darumbe durch friden und ouch durch des willen, daz nieman kein unzuht erbotten werde der es sänge: so sint unße herren meister' und räte übereinkommen, daz hinanvürder nieman in unser' stat das vorgenant' liede nit me singen sol, er sie junge oder alte, noch dehein ander liet in sem'licher' mossen. das erber' lüte und antwerke antreffende ist, und sol iederman mit sinen kinden bestellen, daz sü das vorg. liet noh dehein ander liet in sem'licher' mossen nit me singen. und wer das egenant' liet oder ander lied hinnanvürder me sünge, er sie junge oder alte, er besser't 30 sl. also dicke er daz düt. düt es ein kint, es si knabe oder dohter, so besser't sin vatter oder sin müter 30 sl. vür' das kint, düt es sufs jeman, der nit 30 sl. dn het zü gebende, zü des libe sol und wil man daz rihten und rechvertigen. do wisse sich men'glich noch zü rihtende.

[Fast nur mhd. Kürzungen, dagegen ein paar missratene Ergänzungen von e, nicht stark mundartlich, vor allem o f. â, ü f. iu und i.]

XX.
Brief Kaiser Maximilians vom Jahre 1496.
(Chmel, Urk. Maximilians I.)
(Oberdeutsche Kanzleisprache.)

Ersamen getrewen lieben, Wir haben Ewr schreiben, darinn jr vnns anczaigen, wie das der grossen naf' (*Naue, Schiffe*) mit mer dann zwo vnnd' die dritt' vnndergangen, oder aber in den port zu Ligorna durch den windt getriben, auch newnvnnddreissig Franczosen, so darin gewest, daselbsthin gen Ligorna komen sein sollen etc. verstanden, vnnd' vermainen solh's dieser' zeit vnmuglich, das der nafen ain' vnnderg'anngen oder aber in den port zu Ligorna durch den windt getriben sein soll. Vnd' emphelhen euch demselben nach ernstlich, das jr dem Vngerlanndt von vnnsernnt saget, das er dem' beuelh', so wir jme der gefanngen' hallb' tan haben, furderlich nachkom'. Vnnd' nachdem' der Neapolitaner vermain't, das der Spanier schefman ann' allen sachen vnschuldig sey, emphelhen wir euch, so bemelter Vngerlanndt vnnser'n beuelh der gefanngner' halb awsgericht' hat, das jr als'dann' dem' Spanier' schefman sein scheff widerumb' zu geben verschaffen vnnd' verorden'. Daran tut jr vnnser' ernnstlich' mainnung'. Geben zu Vico Pisano amn eritag' nach Sannt Martin'stag', vnnser's reich's im' eilfften jar'.

[Verkürzung nach bayrischer Art, *ai* und *ei* geschieden, auf *ů* nach md. Weise verzichtet, ebenso der Umlaut nicht durchaus bezeichnet; die 2 Pl. auf *en* nur vorübergehend in Gebrauch.]

XXI.
Urkunde Herzog Albrechts von Sachsen 1496.
(Obersächsische Kanzleisprache.)

Veterliche lieb' mit ganzten trawenn vnnd' was wir altzeit lieb's vnnd' gut's vormogen zuvor. Hochgebor'ner furst' lieber sone. Als vnns awer (*euer*) lieb' iun'gst vnnder ander'm' ein vortzeichnung' etzlicher' artickel' vnnd' statut' so die achtpar'n wirdigen vnser' besunder liebe andechtigen techant senior vnd gantze cappittel der bischofflichen kirchen zu Meissen zu merung' vnd enthald' ein'ß erlichen wesen's vnd' auffnemung' der selbigen gern' auffrichten wollen haben zu geschickt, haben wir solch's allenthalben besichtiget. Nachdem' wir aber auß manchfeldikeit vnser' geschefft' domit wir diser' zceit beladen, vns darauff nicht haben mogen eigentlich entslissen, schicke wir awre lieb' solche artickel' widerumb' zu vnd ist darauff vnnser fruntlich beger awr lieb' wolle solche vorezeichnung' mit sampt vnser vnnd awer lieb' reten zu handen nehmen vnnd die allenthalben wol ermessen, was denn awer lieb' vor' erber' redlich vnd gut darauß erlesenn werden solch's in vnser'm' nahmen willigen. Denn wir wolgeneiget sein och gern' sehenn, das sunderlich die loblichen kirchen zu Meissen, dy lange czeit vnd nach eynes berumptenn geistlichen wesen's gewest, forder vndirhalden vnd vorsehen wirt'. Denn awer lieb' veterliche traw' zuirzaigen sint wir altzeit willig.

[Starke Verkürzung nach oberd. Weise, dabei md. *au* f. *iuw*, *vor* f. *ver*, die neuen Diphtonge, Dehnungs-*h*, Umlaut bei *o* und *u* nicht bezeichnet, kein *on* f. *un*.]

XVI. Jahrhundert.

XXII.

Berthold von Chiemsee. Kap. I, § 6.

(Bayrisch.)

Die weyl vnser' ellter' aufrecht' Christen gewesen, seinn sy in frid' vnnd gůtem Vermögen gesessen. Nachdem aber wir teütschen verfüerischen leren ditsmals leichtfertiklich glawben vnd von der kirchen fallen, dadurch wirt vnser wolfart abgeschniten, das wir an zeitlichen gůettern erarmen, tägliches vnfrid's gewartten vnd vor einfal der türcken vnd anderer feind' nit ainen tag gesichert, sonder deszhalb mit Stewr vnnd ander'm lasst beswært seinn, vnd zů lesst gar verderben můessen, dann geschriben steet. Alsofft die kind von Israhel (dabey die christen bedeyt' seinn) ausserhalb jres got's ainen andern angepett' haben, alsz denn seinn sy meniklich gegeben zů preys vnd in schleg' auch in schand vnd laster. Der gleichen diewey die teütschen jnm dienst' gottes vnd der kirch' gehorsam gewesen, haben sy glück vnd sæld' gehabt. Do sy aber new' fals' lere gehört, gelesen vnd angenommen, daneben g'wondlichen got'zdienst vnduter lassen, die kirch' verschmächt vnnd verfüerischen maystern nachgevolgt, hat sy der deufel bewegt zů aufstand, von dem Christus sagt, daz zů pôser zeit die sün' wider jr ellter' aufsteen. Dadurch wir teütschen in armůet vnd in vil' ander' übel gefallen seinn.

[Oben gesperrt die Verkürzungen, die nicht nhd. sind; *ei* und *ai* geschieden; *ie ů*, *ü* nach alter Art, *ei* und *eü* verwechselt, nicht aber *i* und *ü*.]

XXIII.

Luther.

(Vorrede zur letzten Ausgabe der Bibel.)

Geitz ist ein wurzel alles vbels. Solchen Spruch erfaren wir in dieser vnser schendlichen bösen zeit so gewaltig, als man nicht wol desgleichen in allen Historien findet. Denn sihe allein das grewliche, schreckliche wesen vnd vbel an, das der Geitz durch den leidigen Wucher treibt. Das auch etliche feine, vernünfftige, dapffere Leute mit diesem Geitzteufel vnd Wucherteufel also besessen sind, das si wissentlich vnd wolbedachts verstands, den erkandten Wucher treiben, vnd also williglich vnd bey guter vernunfft den Abgott Mammon mit grosser grewlicher verachtung göttlicher Gnaden vnd Zorns, anbeten, vnd drüber ins hellische Fewr vnd ewiges Verdamnis sehend vnd hörend gleich lauffen vnd rennen. Der selbige verfluchte Geitz, hat vnter allen andern Vbeln, so er treibt, sich auch an vnsere Erbeit gemacht, darin seine bosheit vnd schaden zu vben. Denn nach dem vns allhie zu Wittemberg, der barmhertzige Gott seine vnaussprechliche gnade gegeben hat, Das wir sein heiliges Wort, vnd die heilige Biblia hell vnd lauter in die deutsche Sprache bracht haben, Daran wir (wie das ein jglicher Vernünfftiger wol denken kann) trefflich grosse Erbeit (doch alles durch Gottes Gnaden) gethan. So feret der Geitz zu / vnd thut vnsern Buchdruckern diese schalckheit vnd büberey, Das andere flugs balde hernach drücken, vnd also der vnsern Erbeit vnd Vnkost berauben zu jrem Gewin. Welchs eine rechte grosse, öffentliche Reuberey ist, die Gott auch wol straffen wird.

[Oben gesperrt nur die wenigen Verkürzungen, die vom Nhd. abweichen, der Umlaut nicht vollständig ei für ei und ai.]

Aus der Bibelübersetzung.*)

Ältere Sprachform 1524.	Jüngere Sprachform 1545.	
Ihr wisset wol von der predigt die Got zu den kindern Israel gesand hat und verkundigen lassen	verkündigen	
den fride, durch Jheson Christon	Friede	
(wilcher ist eyn herre uber alles)	welcher	Herr
die durchs gantz Judisch land geschehen ist und angangen ynn	gantze	Jüdische
Gallilea nach der tauff die Johannes predigete, wie Got denselben Jheson von Nazareth gesalbet hat mit dem	tauffe	
heyligen geyst und krafft, der umbher zogen ist und hat wolthan und	Geiste	
gesund gemacht alle die vom teuffel uberweldiget waren, denn Gott war mit yhm, Und wyr sind zeugen	gezogen	wolgethan
alles, das er than hat ym Judischen land.	gethan lande	Jüdischen

XVII. Jahrhundert.

XXIV.
Martin Opitz.
(Deutsche Poeterey.)

Das e wann es vor einem andern selblautenden Buchstaben zue ende des wortes vorher gehet, es sey in wasserley versen es wolte, wird

---

*) Aus E. Opitz, Ü. d. Sprache Luthers. Halle 1869.

nicht geschriebn und außgesprochen, sondern an seine statt ein solches zeichen ' darfür gesetzt. Zum Exempel wil ich nachfolgendes Sonnet setzen, weil diese außenlaßung zue sechs malen darinnen wiederholet wird: Ich muſs bekennen nur, wol tausendt wündtschen mir (u. s. w.). — Hiervon werden außgeschlossen die eigenen namen, als Helene; darnach alle einsylbige wörter, als Schnee, See. Zue ende der reimen, wann ein Vocalis den folgenden verß anhebet, kan man das e stehen lassen oder wegthun. Wann auff das e ein Consonans oder mitlautender Buchstabe folget, soll es nicht aussen gelassen werden: ob schon niemandt biſsher nicht gewesen ist, der in diesem nicht verstossen. Es soll auch das e zuweilen nicht auß der mitten der wörter gezogen werden; weil durch die zusammenziehung der sylben die verse wiederwertig vnd vnangeneme zue lesen sein. Als, wann ich schriebe: Mein Lieb, wann du mich drückts an deinen lieblichen Mundt. Ferner soll auch das e denen wörtern zue welchen es nicht gehöret vnangehencket bleiben; als in casu nominatino: Der Venus Sohne. Item wie Melißus sagt: Ein wolerfahrner helde und: Dir scheint der Morgensterne, weil es Sohn, Held, Stern heisset.

[Stand des 18. Jahrhunderts hier erreicht.]

XXV.
Mundarten der Gegenwart.
a) Ohne Endungs-e.
1. Ober-Österreichisch.

A lustige Eicht
  Had dá Herrgott selm gweicht,
Selm gweicht und selm gsögnt
  Ruck 'n Huet, wann s' dá gögnt.

Und da sei aft dá Narr nöt,
  Der ziftert und zöhlt,
Der 'n Apfl, eh er dreinbeißt,
  Zerst speidelt und schöllt.

Vothue dá kaim Heunt
  Wögn marign und aft,
Hau, dö Bira, weil s' 'n had
  Dadl laſsts 'n sán Saft.

[Stelzhamer, Königin Noth, *Eicht* Zeit, *ziftern* zaudern, *speideln* spalten, *aft* nachher, *hau* sich, *Bira* Birke, *dadl* da; *ai* lies *oa*; kein Endungs-e ausser in *lustige*, wo es = mhd. iu.]

2. Mitteldeutsch.
(Erzgebirgisch.)

Frisch, ihr Gunge! 's is net kalt.
Singt eich aans drzu!
Wie's glänzt in griene Wald!
's macht enn orndlich fruh!
's schimmert silbrig im de Äst
Wie 'ne Förschter seine West!

Satt! do läfft ä grafser Hos!
Sei ah saltn wurn!
Hersch' und Reh und Gäns und dos
Hot sich fei verlurn!
's war ze meiner Zeit schu besser!
Ah de Walding war viel gresser!

[*e* nur für *-en* und für mhd. *iu*, *satt* seht: aus 'Gedichte und Geschichten in erzgebirg. Ma. I. ältere Gedd'.]

b) Mit Endungs-e.
(Zwickauer Bezirk.)

Nu wöll 'ch ejmul derzählen, wie's ann Juhre sechsensechtsch ann Preifsenkriege wor. Ich wor dozumol ej Junge vu acht Juhren, ober gemarkt ho 'ch mer olls su gutt, os wenns orscht gestern geschahn wär. Ej poor Wochen lang worn österreichische Husaren of Vurposten ei unsen Dorfe. Don hotten nu mir Jungen unse grufs'te Frejde dro. Stundenlang stonden mer öm dos Wortshaus röm, wu die Husaren eiquortiert worn, und sparrten Maul und Uhren uf. Mer hätten uns garne ou ejmul of ej Pfard gesotzt, des ging nu freich nej. Ober jeden Tag wurde Solldotens gespielt. Ejne grufse Gonsfader of der Mötze, de Jacke möt enn Bandel uben zsommengeknüppt und dernouert ömgehang. enn grufsen hölzern Sabel o der Seite und klejne Kollerradel (dos worn de Sporn) ann Obsätzen, dou worn mer de Husaren fartch.

[Aus Tieze, Unse liebe Hejmt II; man bemerke die Festigkeit der ungedeckten *e*, während vor Konsonanten der Ausfall der Vokale noch ausgedehnter als in oberdeutschen Maa. ist.]